大是文化

全球只剩北京標準時間

Il est midi à Pékin

中國正以金援、國民觀光、駭客、貓熊、收購和影城……
根本不用出兵，不知不覺主宰了全世界和你的日常。

法國新聞週刊《L'Express》編輯總監
艾利克·寇爾（Éric Chol）

法國商業週刊《Challenges》主編
吉勒·峰丹（Gilles Fontaine）——著

黃明玲——譯

獻給　艾達、珍妮、諾拉和馬克西米里安

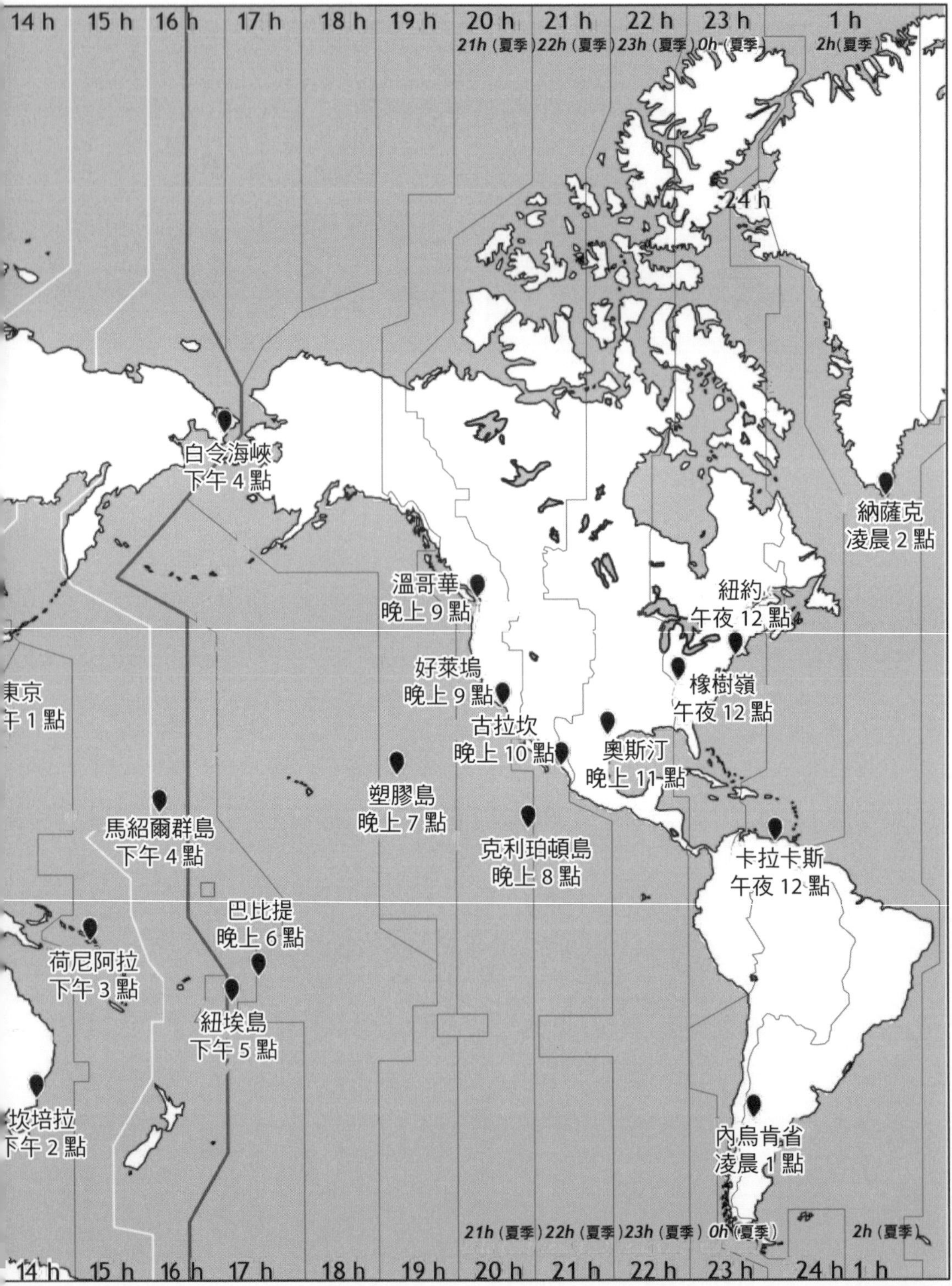

14 h
15 h
16 h
17 h
18 h
19 h
20 h
21 h
22 h
23 h
1 h
21h（夏季）
22h（夏季）
23h（夏季）
0h（夏季）
2h（夏季）
24 h
白令海峽
下午 4 點
納薩克
凌晨 2 點
溫哥華
晚上 9 點
紐約
午夜 12 點
好萊塢
晚上 9 點
橡樹嶺
午夜 12 點
東京
午 1 點
古拉坎
晚上 10 點
奧斯汀
晚上 11 點
塑膠島
晚上 7 點
馬紹爾群島
下午 4 點
克利珀頓島
晚上 8 點
卡拉卡斯
午夜 12 點
巴比提
晚上 6 點
荷尼阿拉
下午 3 點
紐埃島
下午 5 點
坎培拉
下午 2 點
內烏肯省
凌晨 1 點
21h（夏季）
22h（夏季）
23h（夏季）
0h（夏季）
2h（夏季）
14 h
15 h
16 h
17 h
18 h
19 h
20 h
21 h
22 h
23 h
24 h
1 h

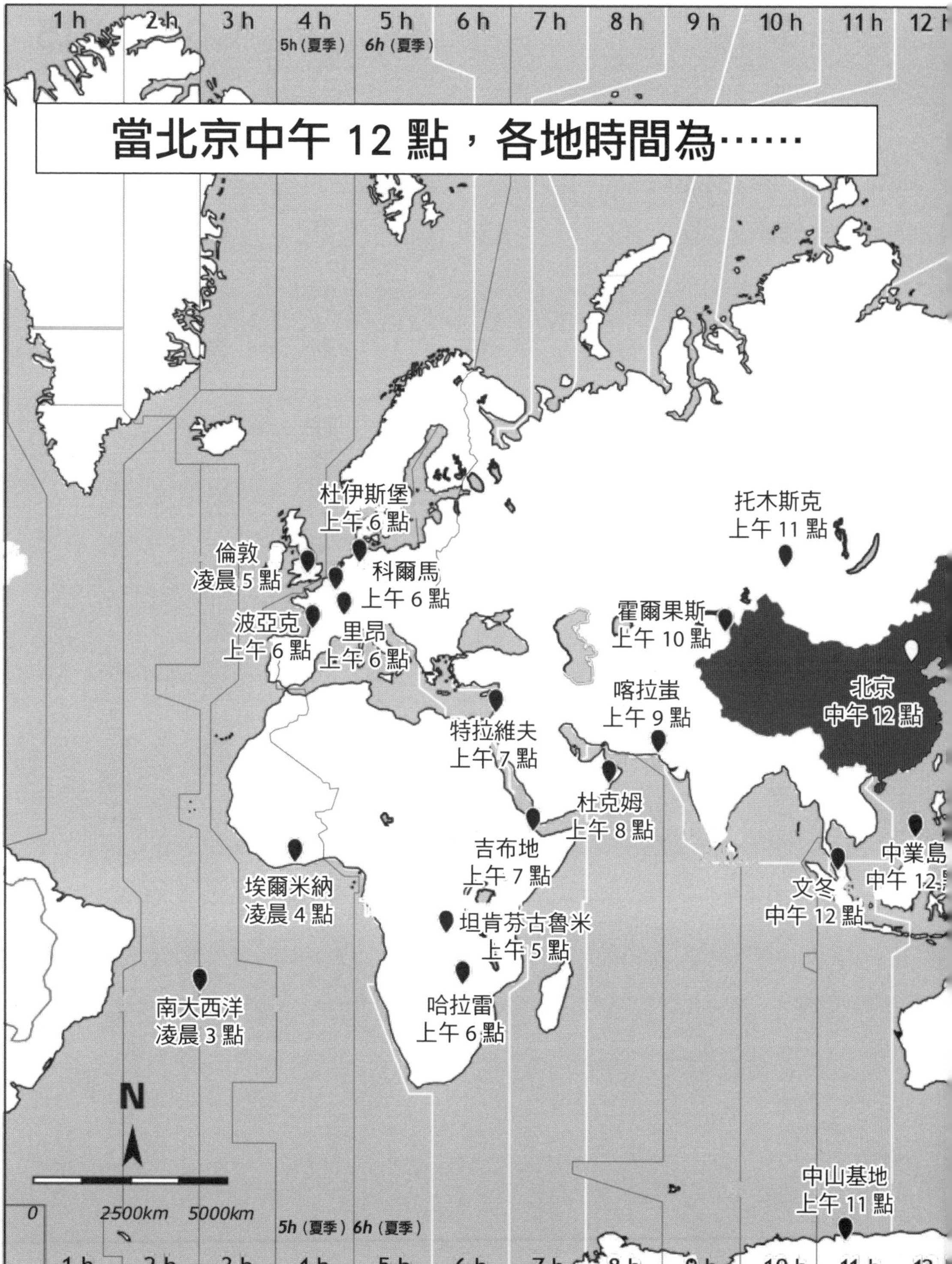

當北京中午 12 點，各地時間為……
1 h
2 h
3 h
4 h
5h（夏季）
5 h
6h（夏季）
6 h
7 h
8 h
9 h
10 h
11 h
12 h
杜伊斯堡
上午 6 點
倫敦
凌晨 5 點
科爾馬
上午 6 點
波亞克
上午 6 點
里昂
上午 6 點
托木斯克
上午 11 點
霍爾果斯
上午 10 點
北京
中午 12 點
喀拉蚩
上午 9 點
特拉維夫
上午 7 點
杜克姆
上午 8 點
吉布地
上午 7 點
中業島
文冬
中午 12 點
埃爾米納
凌晨 4 點
坦肯芬古魯米
上午 5 點
哈拉雷
上午 6 點
南大西洋
凌晨 3 點
N
0
2500km
5000km
中山基地
上午 11 點

Contents

Contents

Contents

Contents

推薦序

處於同溫層情勢，培養異溫層的世界觀

國際新聞主播、主持人／林佳璇

生於臺灣，長於臺灣，我們應該如何正確理解中國／對岸／大陸？光是怎麼稱呼，在臺灣的「傳統電子媒體」上就莫衷一是。

為什麼？我們的觀眾可能早已有答案，原因皆出自於各媒體所處的「政治光譜」。即便這是無法獲得證實的推論，卻也解釋了民眾收視習慣分歧的緣由——依特定意識形態來選擇接收資訊的媒體。

這種收視行為，最大的好處是讓閱聽人在獲取資訊時，得以「活在同溫層」。如今，我們已經可以看見後果，「意識形態同溫層」在日積月累之下越來越厚。有天，當閱聽人聽到非我族類的說法，輕則覺得荒謬，重則怒不可遏。進一步想像，如果我們所在的生活圈，長期處於厚重的同溫層，我們對於世界局勢的判斷，可能會有一定程度的影響。

其實同溫層，甚至是「異溫層」的議題討論，用一個詞彙便足以概括——「國際觀」。比如，全球在二〇二〇年面對新冠肺炎病毒的蔓延，臺灣因為上半年官民合作、全體以防疫有成為榮，「Taiwan Can Help」成集體共識。然而，美國前國安顧問約翰・波頓（John Bolton）的話題之作《事發之室》（*The Room Where It Happened: A White House Memoir*），卻提到美國總統川普以「筆尖」來比喻臺灣，而中國則像是辦公室的一張大桌子。以中、美、臺三方長期角力的國際情勢來看，「筆尖事件」對於臺灣人來說，無疑是涵蓋無限想像空間的警世寓言。

《全球只剩北京標準時間》的存在，對臺灣讀者來說，不啻是警鐘，更像是一記悶棍。二〇一九年三月二十四日，臺北曾舉辦一場國際足球賽，中華隊最後以一分之差，輸給世界排名落後臺灣的索羅門隊伍。書中特別著墨這場連臺灣人自己都不太記得的比賽，還挑明球場內「幾乎沒什麼人」，暗示這場賽事被關心的程度。文末直言：「這次輸球，也許已預告臺灣的另一項挫折，當然就意義上來說更沉重，也代表外交領域的挫敗。」事實上，索羅門與臺灣斷交，發生在同年九月，輿論的態度似乎只能聳聳肩，因為對岸砸的「資源」就是比較多，吾輩亦無能為力。

但是中國以其「銳實力」，除了明擺著創造經濟誘因，在國際間的合縱連橫，難道只要會「撒幣」就可以？本書在「中國化的聯合國」一章中，便從安理會五大常任理事國當中，中國組建最多維和人數的現象談起。這些在曼哈頓徘徊的解放軍，揭露的不僅是中國「人多」，從中共最初的布局、打通龐大組織關節脈絡，再到攀登權力核心，如果作為純粹的旁觀者，細數這一路的節奏章法，可謂心思縝密的江湖大戲。只可惜，我們現在不只是簡單的旁觀者而已。

作為局內人，這一記悶棍我們該吃，更該突破同溫層的關心。

前言
當全世界只剩北京標準時間

當北京時間是中午十二點，中國各地從東部到西部也都是中午十二點。

一九四九年十月一日，當中華人民共和國成立後，中國各地統一使用北京時間。毛澤東擊敗國民黨，北京重回首都地位，為了確保能統一控制，毛澤東廢除從一九一二年開始實施的五個時區，決定全中國採用同一時區。

從太平洋海岸到塔克拉瑪干沙漠，綿延五千公里的遼闊幅員，中國十三億人口每天過著同樣的時間，從哈爾濱到喀什，從大連到廣東，所有時鐘指針都指著同樣位置。儘管喀什要到晚上十點半才日落，東部地區清晨四點天就亮了——一切都得按北京的節奏。

七十年後的今天，除了中國持續遵循北京時間，其他國家也開始與北京的作息同步。前中國領導人毛澤東，隱藏其將一統世界成為紅色帝國的野心，因此，中國改革開放之父鄧小平總說「韜光養晦」。現在，正是解除偽裝的最佳時刻。

中國征服世界的企圖顯然來臨，早在十五世紀初，鄭和下西洋時就已展開。選擇延續毛澤東模式的中國國家主席習近平，現在輪到他掌旗，他要讓十三億人民的耳朵都能聽見同樣的聲響：將中國推向世界第一強國，現在開始倒數計時。這是習近平在二〇一二年上任時，為自己設下的目標。

為了達標，他宣示其政治藍圖，除了中國之外，也牽涉到其他國家。例如「**新絲綢之路**」政策，這項大型基礎建設令人折服也引人憂心，因為這不僅涵蓋金融借貸、鐵路及港口設施的建造，政策主要目的在於建立一個全球網絡，以供中國所用。習近平曾說：「我們已經主動構建人類命運共同體。」[1]

在北京的人工智能實驗室裡，海南的軍營或深圳的初創企業，中國國家主席都能輕鬆掌控。中國將洗去百年恥辱（一八四二至一九四九年），重登世界第一強國的寶座。

這次，中國甦醒了。幾世紀以來，中國皇帝相當重視時辰，外國人餽贈的鐘錶，比任何禮物還受歡迎，甚至和西方建立起「鐘錶外交」。二十世紀初，首都塔樓上的大炮，每天中午都會鳴炮，來向居民報時。過了一個世紀，中國將成為向全球人民報時的帝國。

亞洲其他地區、歐洲和美國對於中國標準時間感到恐懼。儘管北京的代表低調行事，西方的雷達卻經常發現他們的蹤跡。在華盛頓、柏林或巴黎，長久以來都有一個預言——在鄧小平提出開放政策的鼓勵之下，中國的富裕將會導致共產主義政權瓦解。一位派駐北京的大使說：「當時所有外交人員都認為，中國將會轉型成市場經濟，甚至可能成為民主國家。」但在天安門事件的三十一年後，北京仍然籠罩在穩定政權和維持秩序的陰霾之下。民主的幻想，有時是在憤怒、暴力和痛苦裡破滅，就如同二〇一九年，香港大規模的抗爭所示。一位法國前外交官遺憾的說：「我們太天真了。」

然而，中國在過去十年一再展現鞏固強權的強烈意圖，除了因為西方短視近利之外，也因為二〇〇八年的金融危機，迫使北京加速發展。短短幾個月內，中國政要看到西方資本主義崩潰、銀行破產以及債務擴大。南歐國家頓時陷入嚴重衰退，於是世界的新銀行家——中國——便慷慨解囊，其他國家才得以紓困。

從此，北京不斷越界拓展兵力。習近平訂定的二〇四九年疆界，與今日相較，似乎很遙遠，但如中國諺語所言：「有了時間和耐心，桑葉就會變成絲綢裙。」幾乎**可以肯定的是，到二〇四九年十月一日，中國慶祝共產主義革命一百週年之際，世界將進入「中國」世紀**。

從北極到阿根廷的南美大草原，從太平洋海底到中東沙漠，從曼哈頓豪華大道到迦納漁場，一連串活生生的例子，足以證明中國人的胃口永遠無法滿足。無論是從掌控新的能源產

1 二〇一七年十一月三日，習近平在中國共產黨第十九次全國代表大會上表述。

地，宣傳「軟實力」文化，或是展現地緣政治和軍事的野心，北京可謂用盡手段。隨著統治世界的策略明確，實現的戰術將根據不同的國家和時機不斷變化。

本書講述許多故事，旨在闡明一個新統治權的崛起。如同進行一趟環球之旅，橫跨從東到西的所有時區，全都遵照北京時區的標準時間。從西伯利亞到加州海灘，紅色五星旗飄揚在所有陸地、海上，甚至在太空中。

鋪天蓋地的外交、經濟、軍事和文化攻勢，同時在各地進行，點到點緊密相連。有如混合權力與金錢的恐怖片，讓人以為是在看一齣電影。有時一片混亂，猛然出現驚悚畫面，經由電視衛星轉播到全球各地，演員和劇本皆出自中國。

然而，這幅在地理上橫跨全球時區的巨作並非虛構，而這本書，將為你帶來世界各地的即時整理。

第一章

在這裡，
中國武力就是法律——
南海中業島，中午 12 點

南海中業島
Thitu Island

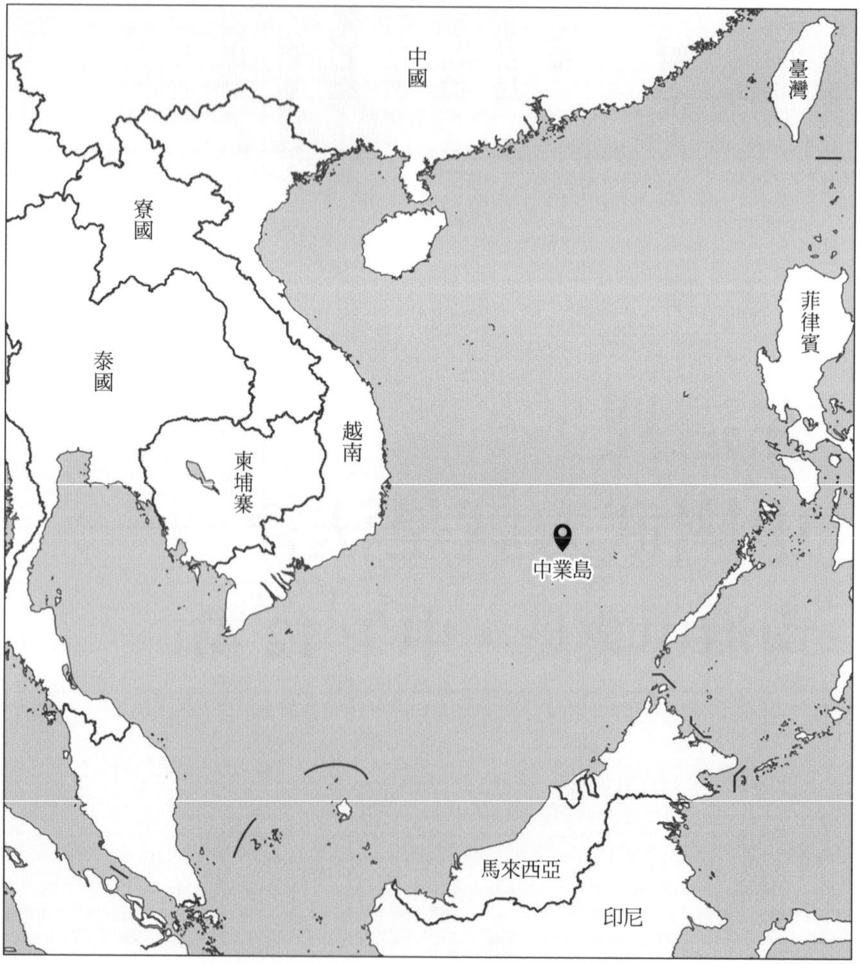

國家：存在主權爭議的島嶼
人口：78 人
面積：0.36 平方公里
海拔：3.4 公尺

「中國人必須離開中業島，否則我方將派遣軍隊發動自殺式攻擊，以捍衛中業島。」二〇一九年四月四日，菲律賓總統羅德里戈．杜特蒂（Rodrigo Duterte）毫不客氣的向北京這位「朋友」放話。

為何杜特蒂如此惱火？這是因為三個月以來，數百艘中國漁船輪番逼近南海的中業島，並在周邊徘徊，該島位於距菲律賓海岸不到五百公里的南沙群島。

在這群船艦中，可辨識出有數十艘漁船，還有中國海岸警衛隊，以及後面隨之而來的解放軍海軍艦艇——這是北京加強施壓和擴展勢力範圍的一種方式。

中國拖網漁船直接衝撞當地漁民的船隻，當地漁民使用的是木頭和竹子做成的三體船，面對鋼製船體和長達五十多公尺的船舶，如此大規模的部署，當地漁民根本無力反擊。

北京當局一直將南沙群島視為是中國的，就像在南海的西沙群島一樣，**他們維護著這項自稱的主權**。

小鯨魚對抗大白鯊，南海成狩獵場

二〇一八年，菲律賓在中業島的菲律賓軍事駐地開展工程，目的是維修飛機跑道、加以現代化，並在沙洲建造一個海灘坡道以利運輸，這就是為什麼在二〇一八年的十二月，中國不斷挑釁。

實際上，南沙群島和西沙群島的領土爭端已持續多年，涉及所有南海沿岸國家。除了中國、菲律賓，還包括越南、汶萊、印尼、馬來西亞和臺灣，各自聲張這些珊瑚礁、沙洲和海底山的主權。這兩座群島總陸地面積約二十五平方公里，且大部分無人居住。

基於多重原因，中國肯定是最感興趣的國家。透過穩固其在這片礁岩上的勢力，便可確保對南海的控制。然而，這片面積幾乎超過地中海一倍半的海域，具有極重要的地緣政治和戰略地位——在此可看到每年全球三分之一的貿易貨物通過麻六甲海峽，其中包括八〇%的中國能源亦經此運輸進口。它控制著儲量約一百一十億桶的石油和天然氣，以及漁獲（占世界漁獲的一二%）的運輸。

中國人特別喜歡漁獲，因此，透過密切掌控南沙群島和西沙群島，中國將可以大規模擴大其專屬經濟區，也就是說，海洋空間將超越領海，而且該國有權進入其專屬經濟區探勘或開發資源[2]。

中國現今只有一個海陸界面，擁有的專屬經濟區非常小（三百八十八萬平方公里，排名世界第三十二），遠小於美國（一千兩百萬平方公里，排名第一）和法國（一千零二十萬平方公里，排名第二）。只要取得南海（三百五十萬平方公里）控制權，中國就有機會列入海洋強國。二〇一三年，剛接掌國家大權的習近平，曾誓言要「努力使海洋產業成為國民經濟支柱產業」，中國必須在海南島以南擁有一個廣大海域，以利發展海上軍事力量。

由於以上種種原因，加上歷史因素[3]——中國人說，自三國時代（二二〇至二八〇年）開始，中國漁民已在南海活動頻繁——多年來，北京持續釋放「中國對南海和周邊水域擁有無可爭辯的主權」的訊息給其他國家。然而，所有鄰國都提出異議，這就是**為什麼這片海域在十年內成為全球最熱門的區域之一，一點星火就有可能演變成軍事衝突**。因為中國不再滿足現況，它渴望在二〇五〇年前，成為世界第一海洋強國，南海將被視為其狩獵場。

杜特蒂被欺負，還為對方找理由？

二〇一六年七月，荷蘭海牙常設仲裁法院，就菲律賓控告中國主張南海權一案，裁定中國主張南海主權無效。根據本案五位國際法官的裁定，中國知名的「九段線」，幾乎將整個南海區域規畫為己有，事實上「毫無法律依據」，不具效力。即使中國已經在荷蘭輸掉這場

2 專屬經濟區（EEZ）是從海岸延伸最多三百七十公里的範圍。一九八二年的《聯合國海洋法公約》確立經濟海域之定義。

3 參閱勞倫·加尼爾（Laurent Garnier），《南沙群島和西沙群島》，海軍高階研究中心，二〇一一年。

法律和外交戰役，卻違抗裁決，在南海當地投入大量資金興建設施。

二〇一九年四月，菲律賓總統杜特蒂的大發雷霆想必是假裝的，當時他提出：「今天是北京要在這片波濤洶湧的大海上興風作浪。」馬尼拉當局大可以根據仲裁法院的有利判決，對北京施予強硬手段。二〇一六年春季大選時，杜特蒂這位火紅的候選人在辯論時曾當眾宣布：「如果海牙法庭裁定菲律賓勝訴，北京拒絕接受裁決，他保證要親自騎海上摩托車到南沙群島，把菲律賓藍、白、紅的國旗插上。」

當時許多新聞媒體還大膽預測杜特蒂實踐的方式，騎著他的海上摩托車，在熱帶海洋上乘風破浪，但是後來事情轉變成另一回事。菲律賓並沒有利用國際的仲裁結果採取任何行動。相反的，杜特蒂才剛擔保不久，就變了一個人，他甩掉美國，向北京拋媚眼。

二〇一六年十月，他在投資人論壇的演講中說：「我向大家宣布，我方從軍事和經濟上脫離美國。」之後，中國開始撒大筆銀子，資助杜特蒂大規模的基礎建設計畫，名為「建設、建設、建設」政策。

對於密切關注競選活動的達沃（Davao）前市長來說，這種轉變並非出乎意料。杜特蒂曾暗示，如果北京同意提供資金為菲律賓建造鐵路系統，他隨時可以放棄對南沙群島的主張。《馬尼拉時報》[4]（*The Manila Times*）評論員說：「如果他能這麼輕易就割讓菲律賓領土，只為了換取一個鐵路網，他怎麼可能是英雄？」

杜特蒂甚至在選舉前，已經計畫要和中國談交易條件。杜特蒂野心勃勃，中國這條巨龍為了滿足外號是「菲律賓川普」的杜特蒂，大開信貸額度，以供其支付十幾個大型建築商的款項。

二〇一八年秋天，習近平訪問馬尼拉期間，與他這位新朋友簽署二十九項合作協議，其中包括共同探勘南海能源。當初的戰斧顯然已沒入汪洋大海，這位菲律賓總統在記者面前承認，中國已經「擁有」這片海洋，杜特蒂說：「既然這片海洋已經掌握在他們手中，那麼我們何必製造摩擦呢？」

然而，菲律賓人可不欣賞杜特蒂向中國靠攏的行為，大多數的菲律賓人反對這項和解策略。這位菲律賓總統可能為了扳回支持度，要求中國船隻從中業島「滾開」。

在南海，武力即法律

二〇一九年七月，中國船隻再度環繞中業島，菲律賓政府透過外交管道表示抗議，但為

4 厄佛瑞・達登納奧（Efren L. Danao），《杜特蒂，菲律賓新超級英雄》（*Duterte, the New PH Super-Hero*），馬尼拉時報，二〇一六年四月二十六日。

時已晚。短短數年，中國猖狂的擴張戰略，使其不僅站穩南海，而且對鄰國而言，中國已成為不可撼動的霸主。

二〇一九年六月九日，一艘菲律賓漁船與一艘中國大型船隻相撞後，在南海沉沒，菲律賓總統不敢向中國討公道，僅將該次船難定義為「海上意外事故」。過去菲律賓國防部長嘲笑中國的激進主義，將中國比喻成「到處小便來標記領土的狗」[5]，如今已不復從前了。

自那時起，中國不只是撒錢，還在多處有爭議的礁岩開展工程，建設人工島。從二〇一三年十二月起，中國的挖泥船突襲沙洲，向其注入大量混凝土和水泥。美國從衛星圖上，可以追蹤到南沙和西沙群島幾乎每天都有工程在運作。

二〇一五年，習近平向美國總統歐巴馬承諾，會停止利用小島作為軍事用途，事實證明他並未遵守諾言。反之，中國在南沙群島的七座礁岩吹沙填海，其中三座已建造飛機跑道，其中，在最大的美濟礁（Mischief Reef）上的跑道長達兩千七百公尺。

法國國防專家評論，這種長度的跑道，足夠讓中國的轟炸機起降，並在一小時內到達麻六甲海峽，目前從海南島出發的話，需要四個小時才能抵達。從菲律賓新聞媒體公布的航空影像顯示，島上已有許多建設與裝置（監視和通訊設備、燈塔、機庫……）。

北京當局對於領土沿岸採取軍事戒備。二〇一八年四月，中國國防部嚴正發表一項聲明：「南沙群島是中國領土的一部分。在這些島嶼和礁岩上，駐紮部隊和運輸該領土需要的防禦設備，是一個主權國家的權利。」此聲明使得既吃驚又無力的南海沿岸國家，目擊中國這場不戰而勝的競賽。

即使美國、澳洲和法國定期派遣巡防艦，越過南沙或西沙群島附近幾海里處巡邏，中國卻完全漠視國際法。中國知道時間對其有利，因為幾年後，目前正在造船廠建造的驅逐艦、潛艇和其他戰艦，將可開始執行任務。

帕拉克（Prazuck）海軍上將，即法國海軍參謀長，曾數次提到：「中國能在四年內打造一個法國海軍。」介紹全球海軍武力的權威刊物《世界戰艦》（*Flottes de combat*），在其最新版見證中國海軍的加速發展。中國海軍戰艦總噸位超過一百五十萬噸，可用於六百零一艘作戰和支援艦艇，穩坐世界排名第二，僅次於美國海軍（三百三十萬噸）[6]。

在南海，武力就是法律。習近平在二〇一八年四月十二日，他當時身穿卡其制服，登上「遼寧號」航空母艦，視察海軍演習。那天，他看著四十八艘艦艇和七十六架飛機、動員一萬多名海軍，儼然從來沒有海牙法庭國際法官的存在。

---

5 《南華早報》，http://www.courrierinternational.com/ article / 2010/10/21 / de-pekin-a-washington-les-eaux-de-tous-les-dangers。

6 斯特凡・加洛瓦（StephaneGallois）和亞歷山大・謝爾頓－杜普萊克斯（Alexandre Sheldon-Duplaix），《二〇一八年世界戰艦》（*Flottes de combat 2018*），Ouest-France 出版，二〇一九年。

第二章

一輛輛開往成都的運木列車——

俄羅斯城市托木斯克，上午11點

托木斯克
Tomck

國家：俄羅斯聯邦
人口：146,801,931 人（截至 2019 年）
面積：17,124,442 平方公里
密度：8.4 人／平方公里

白雪在陽光反射下閃閃發光。兩層樓高的車站，屋頂上凸出五個白色的字母：TOMCK（托木斯克）。這裡是俄羅斯林木最繁茂的地區之一，首府的城市托木斯克，面積和義大利一樣大。略顯疲態的火車頭停在鐵軌上，後面拖著長長一列的運木車廂，各個滿載而歸。在幾小時內，這輛載有數千棵歐洲赤松的火車，將行駛約六十公里抵達泰加（Taïga）站，然後在那裡銜接西伯利亞鐵路。

托木斯克和莫斯科相距約三千公里，但近年來，這個僅一百萬人口的城市，他們的行政高層開始將眼光轉向東部。從托木斯克出發的運木列車，事實上是開往中國，火車上的原木將被製成家具或木材，最後送到建築工地、上海的百貨公司，或是再送到其他國家。

要賺錢還是要環境？俄羅斯當地現兩樣情

二〇一九年四月，一條長達五千公里的新貨運貿易鐵路開通了，從托木斯克，途經哈薩克，到中國四川省成都市，僅需八天的時間。習近平的新絲綢之路，能有效補給中國所需！

中國的木材進口和出口成為世界第一，大量吞噬地球上的森林。中國打擊國內的山老鼠，伐木商便開始向國外採購、砍伐木材，例如到加拿大、美國、紐西蘭或烏茲別克。二十年來，中國木材進口量大幅增加（二〇一八年為兩百三十億美元，約新臺幣七千億元），超過該國消費量的一半，其中來自俄羅斯森林的木材占最大宗。

這個由普丁領導的國家，儲備全球四分之一的林木，今後將供應中國近三分之一的木材需求量。

托木斯克地區特別受到注目，該地以茂密的樺木、落葉松和松樹林聞名，每年都有哈爾濱或廣東省的投資者慕名而來。當林地招標，森林特許權經常落在他們手中。

近年來，當地人相當歡迎中國投資者。二〇一八年四月，他們甚至主動出版一本翻譯成中文的經商手冊。

林地面積廣大，動輒超過十萬公頃，中國人以低得離譜的價格談成交易。不僅如此，中國企業家也開始在托木斯克的工業區，開設鋸木廠和木材加工廠。根據當地商會表示，已經有四十餘家的中國相關企業在當地設立（在俄羅斯全境則超過五百五十家，是二〇〇八年的四倍）[7]。

結果，托木斯克從以鑲有木條裝飾的老屋聞名的都市，逐漸瀕臨被中國「殖民」。這是歷史上令人震驚的轉變，因為在一六〇四年，沙皇鮑里斯．戈東諾夫（Tsar Boris Godunov）建立這座城市時，原本想讓它成為俄羅斯前進西伯利亞的前哨站……。

砍一棵樹，罰種一棵樹？誰理你

由於中國大肆破壞俄羅斯森林，引發西伯利亞和俄羅斯的居民不滿。在托木斯克、克拉斯諾亞爾斯克（Krasnoïarsk）和貝加爾湖沿岸，居民簽署請願書，要求禁止出口木材到中國。讓他們深感憤怒的原因，是因為中國企業家絲毫不尊重俄羅斯的森林。

俄羅斯社評作家帕維爾．帕什科夫（Pavel Pashkov），拍攝一部名為《俄羅斯針葉林》（*Russian taiga*）的紀錄片，該片在二〇一八年發行後，加劇抗議的聲浪。這位作家感嘆：「幾乎整個林業都屬於中國的，西伯利亞已經成為中國的原料供應商。」[8]

他觀察到西伯利亞東部森林面積驟減：「沼澤[9]溼地越來越多，而森林卻越來越少。」某些評論得到非政府組織的研究證實[10]，指出非法濫砍的數量，已達到俄羅斯採伐量的五分

---

7 維塔．斯皮瓦克（Vita Spivak），《中國濫伐引眾怒：俄羅斯森林的真正威脅》（*The Bugbear of Chinese Deforestation: The Real Threat to Russia's Forest*），卡內基莫斯科中心，二〇一八年九月十日。

8 《我們把整個西伯利亞森林都賣給中國人了？》（*Has the entire Siberian forest been sold to the Chinese?*），Lentachel.ru，二〇一八年六月十四日。

9 《我們把整個西伯利亞森林都賣給中國人了？》，前述文章。

10 同上。

之一。

據當地人的看法，中國主要利用寬鬆的法令來鑽漏洞，這對他們來說很有利。尤其是從二〇〇七年，莫斯科當局修改森林法，自此由地方政府監管該區的森林，這項決定導致森林管理員短缺，督察不實、偽造文件頻傳。

二〇一八年，莫斯科智庫公布一份報告[11]，說明這些做法造成西伯利亞森林被破壞。因為俄羅斯與中國當局不同，俄羅斯並不關切自己的林木。經濟學家維塔．斯皮瓦克（Vita Spivak）指出：「二〇一六年，俄羅斯重新造林的面積為七十八萬公頃，而中國卻成功重新造林兩千八百萬公頃。」

俄羅斯政府當局的放任態度更讓人民群起激憤，請願、抗議、質疑政府、動員環保團體的消息此起彼落，就連總統普丁在二〇一八年十二月的記者會上，都承認「俄羅斯的林業是一個相當腐敗的行業」。

托木斯克一位記者詢問前總理迪米悌．梅德韋傑夫（Dmitri Medvedev），聯邦政府的功能何在，梅德韋傑夫說，他剛剛簽署一條新法規：「如果砍伐一公頃，就必須重新造林一公頃。」甚至還警告：「違反這項規定者將予以處分，並需繳納罰鍰。」

有鑑於氣候變化已經證明中國破壞森林的嚴重性，司法單位轉為強硬的態度。托木斯克的司法單位指控，中國中航林業（Avic Forestry）的托木斯克子公司違反森林保護法，並令其重新造林一萬一千公頃。

二〇一五年，該中國集團的高層抵達西伯利亞大力開發，經營的伐木場達三十五萬五千公頃，這樣的處分實在微不足道。至今，運木列車仍不停歇，穿過俄羅斯針葉林，繼續駛向中國。

11《俄羅斯譴責中國嚴重破壞森林》（*Russia Lays Blame for Severe Deforestation at China's Door*），二〇一九年一月三十一日，https://www.eureporter.co/frontpage/2019/01/31/ russia-lays-blame-for-severe-deforestation-at-chinas-door/.

第三章

人民解放軍肆意踩踏的冰原——
南極中山基地，上午11點

南極中山站

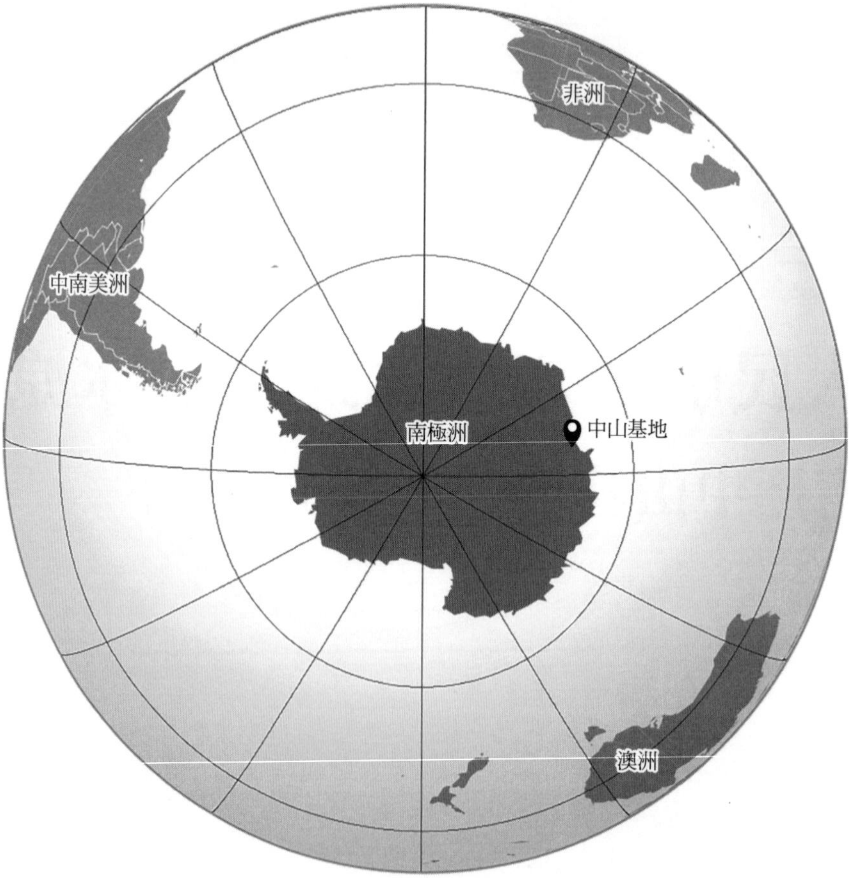

國家：中華人民共和國
位置：拉斯曼丘陵
建站時間：1989 年 2 月 26 日
人口：20 人（冬）至 60 人（夏）左右

從上海出發一個月後，二〇一八年十二月一日，雪龍號抵達外號「南極蔚藍海岸」的普里茲灣。這艘破冰船的船長很快意識到，中國到這片白色大陸的第三十五次考察，將比預期的更複雜。

如果氣象預測準確，地面上的冰塊顯然會比預估的還多，大量的冰隙會妨礙船隻卸貨——船上裝載超過一千噸的食物、科學設備和材料。中國雪龍號必須尋找另一個更適合的地點，就在距離中山站約四十公里處的拉斯曼丘陵腳下。花了十五天的時間，使用一架直升機往返於這艘紅色大船和科學考察站，才將船上物資全數卸貨，並完成運送。

暗藏炙熱軍事利益的極地

三十餘位科學家隨同配備齊全的人員，終於可以開始工作了。機場預設地點在距離中山站約十公里處。

二〇一四年，第一座飛機場興建完成，可以讓小型「極地」飛機降落，並來往於中國其他的科學考察站之間。但是，這次要興建的機場更具野心，它要架設一條真正的飛機跑道，長度達一千五百公尺。該跑道會直接蓋在藍冰區，因為藍冰具有極佳的抗衝擊特性，將來可容納長途飛行的飛機機種，能夠運送人員和貨物。而且，聽說有錢的中國觀光客越來越喜歡南極，何不將觀光納入考量呢？

未來這項建造在冰蓋上的設施，將縮短中國到南極洲一萬四千公里的旅程。自從北京當局將中國在南極洲的發展訂定為優先項目，中國四個科學考察站的活動變得熱絡。

最早的長城站是在一九八五年設立，地點在南極洲的西端，位於喬治王島上，離合恩角不到一千公里。中山站的位置更偏遠，與長城站距離五千公里，建於一九八九年二月，是南極北海岸的中國科學考察辦公室和後勤管理中心——中國專家從這裡出發，登上泰山站，泰山站貌似飛碟，矗立在厚厚的積雪之中，距離中山站的內陸地區五百二十公里。

經驗最豐富的人繼續沿著冰緣到達崑崙站。崑崙站成立約十餘年，位於冰穹A[12]側面的冰層，高度超過四千公尺，雄踞南極。中國人在附近的雪地蓋了一條六百公尺的飛機跑道，不到四個小時便能飛抵中山站。數百桶的燃油存放在雪地裡，以供填充油箱之用。

但是，中國對於泰山和崑崙這兩站的活動守口如瓶。依照《南極條約》的規定，它們用於科學合作，《南極條約》規範南極約八十個站的活動。這份條約是在一九五九年，共十二個國家在華盛頓簽署（後來又有四十一個國家加入，包括一九八三年的中國），作為南極洲的「憲法」，推動南極成為「和平與科學之地」。

中國沒有違反規定，他們是冰原上名符其實的「吉羅」[13]，在這片大地製造各種裝置，如氣象站、雷達、望遠鏡、機器人。每一年，雪龍號的船艙都會被裝滿新的小玩意，帶給當地的團隊。例如在二〇一八年，中國測試一種機器人，它能偵測在暴風雪中的最佳行駛路線；另外，像是在二〇一六至二〇一七年，使用無人機「極鷹三號」察看冰殼。

但北京對南極洲感興趣的不僅是科學研究。南極洲還蘊藏許多優勢，這正說明，中國在極地的野心，為何不僅限北極。例如，崑崙站座落的冰穹A，被視為世界上觀察太空的最佳位置。從這點可推測，該站能作為監視衛星、追蹤火箭或中國導彈軌跡的地面中繼站，就只差一步……許多「中國觀察家」已經看出端倪。

其中，紐西蘭極地專家安妮・馬里・布雷迪（Anne-Marie Brady），針對這個主題寫了一篇報告[14]。她解釋說，人民解放軍已在南極冰原上踩踏多年。早在一九八四年，中國軍隊就曾陪同考察隊，負責建設第一站，即長城站。她進一步說明，解放軍的後勤部隊，最近在中山站和崑崙站架設中國衛星導航系統「北斗二號」。至於中國在南極洲冰穹A發展的天文計畫，布雷迪表示「有應用在軍事上的用途」，因為有出現紅外線望遠鏡，可追蹤敵方衛

12 位於南極洲內陸一千兩百公里的一處高地，被認為是地球上溫度最低的地點之一。

13 Gyro Gearloose，唐老鴨卡通裡的角色，喜歡發明各種科幻故事裡的東西，如時光機、機器人等，只是他的發明常引起麻煩。

14《中國對南極洲的興趣持續擴張》（*China's Expanding Interests in Antarctica*），澳大利亞戰略政策研究所，二〇一七年。

星、無人機或飛彈。但是布雷迪提醒，其他在南極洲設站的國家，也有可能擁有先進的望遠鏡和衛星接收站。

逃過條約束縛，中國搶著分食戰利品

我們很難知道中國在科學考察站的實際活動。極地專家米卡．梅瑞德（Mikaa Mered）[15]說道：「理論上，這些站可能會被抽檢，但實際上，它們很少受到管制。」主因是要進入這些科學考察站相當困難，大多數的中國站都是如此。除了最早建於南設得蘭群島的長城站定期接受檢查外，其他三個尚在運作中的中國站，並沒有受到太多外國專家的打擾——只有中山站在六年多前曾被檢查[16]。從那之後，就沒有外人進去過，而這些中國站的規模和活動不斷擴增。

在南極同樣活動頻繁的澳洲和美國也質疑：「中國已經有四個站，更別說在雪地裡有好幾個營地了，為何最近又宣布要在南極洲南部的特拉諾瓦灣（Terra Nova Bay）設新站？難道要在那部署軍事裝備？」《南極條約》不可能允許的，因為條約第一章就聲明：南極僅允許和平活動。除此之外，禁止一切軍事措施，例如建立基地、防禦工事、演習及任何種類的武器測試。

中國在南極幾乎到處都有足跡。南極擁有數不盡的資源（魚類、碳氫化合物、礦產、科學等），在中國看來，像是一個新的邊境要塞。二〇一七年，北京當局發表白皮書，提及「南極洲的永續發展」。

但是，中國仍休想染指南極，因為一九九八年生效的《馬德里議定書》，旨在禁止開採南極自然資源，以保護生態環境。不過，這項保護只是暫時的，因為《馬德里議定書》將在二〇四八年到期，盛大的極地競賽將重新開始。由於中國並非一九五九年《南極條約》的簽署國之一，所以正盤算利用其新的極地要塞分食戰利品。

在這片討價還價的龐大交易中，中國要確保自己擁有一手好牌。眼下，中國在地理上密集布局南極各處，無疑是其策略的一部分。

二〇一九年三月上旬，在出征四十回後，雪龍號重返上海，結束四個多月的旅程。跟往常一樣，中國媒體不吝讚揚這次出征南極的豐碩成果。然而，中國第三十五次的南極科考隊任務卻差點失敗。

在二〇一九年一月十九日，當時破冰船雪龍號在濃霧中迷航，撞到南極大陸南部羅斯海

15 巴黎國際關係研究所極地地緣政治學教授。

16 南極條約祕書室資料更新處網址：https://www.ats.aq/seleccion.htm。

（Ross Sea）的大型冰山。該船原本是為了去找恩克斯堡島上的中國科學考察團隊，因為北京當局正準備在島上建造第五個科學考察站，但雪龍號碰撞受損，動彈不得。二十四名中國工作人員困在羅斯海的岩石和海冰上，幸好，幾天後，一艘韓國破冰船前往營救才脫困。

他們比前一個世紀，由羅伯特．史考特（Robert Scott）帶領的新地探險隊（the Terra Nova Expedition）還幸運。當時六名組員發現被困在同一個島上，不得不躲在一處冰洞中，在極度惡劣的條件下，度過一九一一年和一九一二年的冬天。

今天，在紀念新地探險隊的標誌不遠處，一面中國國旗飄揚在這座島上，住在這裡的只有一群企鵝。很快的，二〇二〇年新站啟用，屆時將有八十位中國人進駐。二〇一九年底，全新的極地破冰船「雪龍二號」將啟航前往南極，駛向中山站，中國第三十六次科學考察隊將登上南極。

第四章

新絲綢之路的中心，一輩子當中國好朋友——

哈薩克霍爾果斯貿易區，上午 10 點

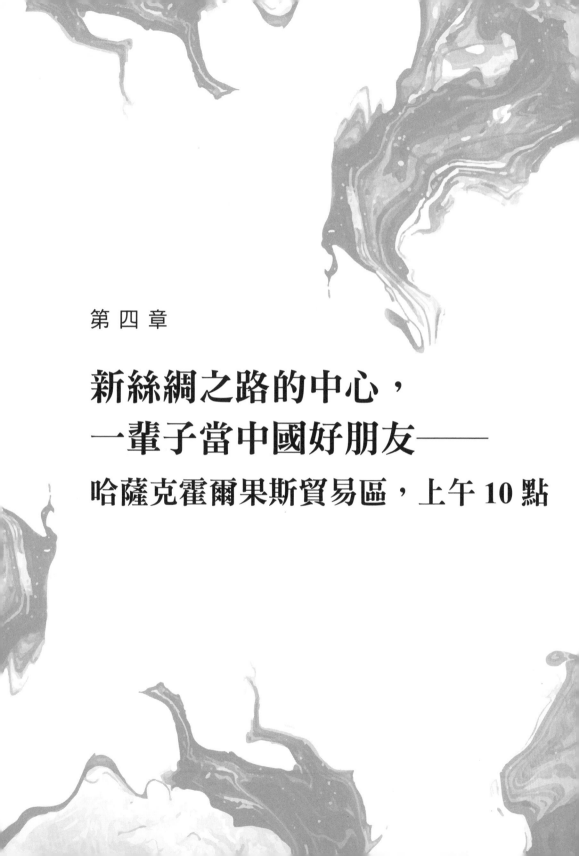

霍爾果斯
Korgas

國家：哈薩克共和國
人口：18,776,707 人（截至 2020 年）

狂風呼嘯的沙漠草原，壯闊的天山山脈在地平線上。在二十一世紀初，這裡依然只有少數游牧民族和馬群。後來，四千多名的工人利用九千萬立方公尺的沙子，將這片土地轉變為新的全球貿易區。

霍爾果斯與中國邊境接壤，二〇〇九年開始崛起。霍爾果斯的火車站已成為世界最大的陸路口岸之一，四十噸的大型黃色吊車在當中穿梭。好幾千名的工人和家屬可以免費住在鄰近的新城市努克倫特（Nukrent）。

霍爾果斯是東西方鐵路必經的交叉點。二〇一七年一月一日，一列貨運火車從上海附近的義烏出發，行經十九天，抵達倫敦。

隨著時間一年一年過去，這裡的交通建設越來越完善。從中國各地出發的火車，途經霍爾果斯火車站，最多兩週就可以到達西歐。當地官員強調，只要十四天，這比船運時間短三倍，又比空運便宜多了。

交通量也因而急遽上升。二〇一九年第一季，共有一百八十列火車，從中國境內出發時經過霍爾果斯，比二〇一八年同期增長三〇%。最終抵達的目的地各不相同且數量眾多。其中德國占六十七列，遠超過其他地方。這些火車隊都有特殊的尺寸，開往德國第一大內河港杜伊斯堡（Duisburg）[17]的火車，通常長度是七百公尺，可容納五十個貨櫃，裝載著在中國

17 參閱第十一章。

組裝的資訊或電子產品，例如富士康生產的 iPhone，還有在南方生產的惠普或宏碁的電腦。

能縮短往來距離的「一帶一路」，為何還是惹人厭？

霍爾果斯成為哈薩克的榮耀，但霍爾果斯貿易區只是龐大的基礎建設專案的其中一環。「一帶一路」是中國國家主席習近平倡議的計畫，已有一百三十一個國家簽署合作。其目標是重啟從西元前兩世紀到西元十四世紀，商隊行走的貿易路線，即著名的絲綢之路。

中國國家主席希望利用促進東西方貿易往來的方式，帶動西部省分、西藏、新疆和雲南等偏遠地區的開放。在連續幾年結構性的產能過剩情況下，希望能藉著縮短距離，為中國工業尋找新的市場利基。諷刺的是，習近平倡議的「一帶一路」，受到越來越多西方國家的批評，而習近平只是派別人回應接連不斷的抱怨，以及來自歐美實業家的期望——希望中國能確保供應無虞，並縮短運輸時間。而這項龐大的新絲綢之路計畫，除了陸地方面，也包含海上部分。

北京從未說明其行動的意圖，也不公布參與此計畫的國家或地區。但是，根據估算，中國投注在這一連串建設的金額，可能已超過兩千億美元，合併未來可預見的投資，總計約一兆美元。再加上其他參與國家提供的資金，總投資額可能達到八兆美元，其參與國主要是亞洲國家。

歷史上，絲綢之路的十字路口就在前蘇聯共和國境內。兩千多年前，該地是好幾條商旅通道的交匯處。哈薩克夾在俄羅斯、中國、中亞和中東國家之間，戰略位置獨特。難以想像幾個世紀以來，統治者的貪婪始終壓制這片遼闊的草原，其人口將近一千九百萬人，面積是法國的四倍。

蘇聯解體後，前共產黨員努爾蘇丹・納扎爾巴耶夫（Nursultan Nazarbayev）掌握國家領導權，長期執政近二十九年。雖然他在哈薩克的總統大選中不斷連任，得票率甚至接近百分之百，但最後在全國各大城市湧現前所未有的抗議浪潮後，迫使他在二〇一九年三月十九日宣布辭去總統職務。參議院院長[18]擔任該國的代理總統，上任後立即將首都阿斯塔納（Astana）更名為努爾蘇丹，也就是下臺的前總統名字。

在過去的三十年間，哈薩克總統納扎爾巴耶夫，成功脫離前老大哥蘇聯，同時又能與莫斯科當局保持良好關係。他還能同時與北京和華盛頓交好，周旋於兩國之間，又不觸及彼此的敏感地帶。我們必須說，納扎爾巴耶夫除了能清楚掌握戰略地位的優勢外，還能提出一些

18 代理總統卡西姆・喬馬特・托卡耶夫（Kassym-Jomart Tokaïev），於二〇一九年六月九日當選哈薩克總統，得票率達七〇%，選舉過程令人質疑。

重要的論據，讓大家達成共識。

該國的原料產量豐富，自二〇一一年以來，**哈薩克已成為世界第一產鈾國**。國內十七座礦區，約占世界四〇%的產量。自二〇〇六年，該國已與中國核工業簽訂一連串的協議。**現在，哈薩克有一半以上的鈾和核燃料，皆出口到中國**。

曾受中國經濟援助，哈薩克以珍貴資源回饋

如同這種珍貴的礦產，哈薩克的天然氣和石油也受到外國投資者的青睞，它們占該國每年整體出口的五〇%至六〇%。裏海（Caspian Sea）的石油儲量超過美國，自二〇一三年起，**中國躍升為哈薩克的重要合作夥伴**。中國以五十億美元，取得哈薩克境內超過八%的礦區開採權，那是近五十年來，世界油氣儲量最豐富的地區。裏海大部分的石油是由一條長達兩千八百公里的輸油管運送，該輸油管自二〇〇六年開始運作，連接哈薩克的阿特勞市（Atyrau），直接輸送到新疆省維吾爾的獨山子石化公司。

天然氣的情況亦然。有鑑於二〇一八年美國發動貿易戰，中國擔憂石油存量，為確保供應量，北京當局加強與鄰國哈薩克的伙伴關係。二〇一九年，哈薩克出口到中國的天然氣，從五百萬立方公尺，上升至一千萬立方公尺，足足增長一倍。

在同意沿著天然氣管道，大量投資建設三座壓縮機站後，二〇一八年，中國石油天然氣股份有限公司與哈薩克國家天然氣運輸公司（Kaz Trans Gaz），簽訂為期五年的協議，該天然氣管道走向為貝內烏（Beyneu）—波扎伊（Bozoy）—奇姆肯特（Chymkent），總長一千四百五十四公里，從哈薩克西部連接至南部。巨大的壓縮機形同飛機發動機，以每小時約四十公里的速度，推動管道內的天然氣。

對哈薩克而言，中國距離近，是現在理想的客戶，因為西歐距離太遠，哈薩克不可能以合理價格，將天然氣出口到西歐。至於北京方面，可仰賴這幾年在哈薩克建設的碳氫化合物運輸管道，進入其他生產資源的中亞國家，如烏茲別克和土庫曼。

哈薩克願意與中國訂定協議，使中國得以確保其部分天然氣和石油供應無虞的原因，可以追溯到二〇一三年九月，中國國家主席習近平到阿斯塔納訪問。

當時，習近平與同為國家領導人的納扎爾巴耶夫的會晤具有很高的象徵意義。兩個人在一群攝影師面前，一起按下按鈕，開啟裏海長達數百公里的全新天然氣輸送管閥門。現在這條輸送管連接到中亞地區，將能源輸送到中國的石化工廠。

當時兩位領導人一連簽署好幾項貿易協議，總額達三百億美元。哈薩克的意外之財還不只這樁，中國還曾對他慷慨解囊。早在幾年前發生全球金融危機後，哈薩克遭受嚴重衝擊，經濟陷入困境。二〇〇九年，中國出面救援哈薩克的銀行業，條件是簽署一份鉅額的「石油貸款」合約。中國匯入五十億美元至哈薩克開發銀行（Development Bank of Kazakhstan），後來又匯入五十億美元至哈薩克國家天然氣運輸公司，以發展基礎建設。

沒有什麼比鞏固兩國之間的關係更重要，習近平親自向其保證：「中國和哈薩克是一輩子的朋友。」正是在二〇一三年那次最廣為人知的阿斯塔納訪問中，中國國家主席正式提出「新絲綢之路」倡議。他以感性的語調提到這些商隊行走的路線，正起源於他的家鄉陝西省，位於中國地理的中心區。他向東道國說：「我彷彿聽到山間迴盪的聲聲駝鈴，看到大漠飄飛的裊裊孤煙。」幾年過後，他看到的可能只有貨櫃、倉庫和高速火車。

第五章

受高度保護的中巴經濟走廊——巴基斯坦第一大城喀拉蚩，上午9點

喀拉蚩
Karachi

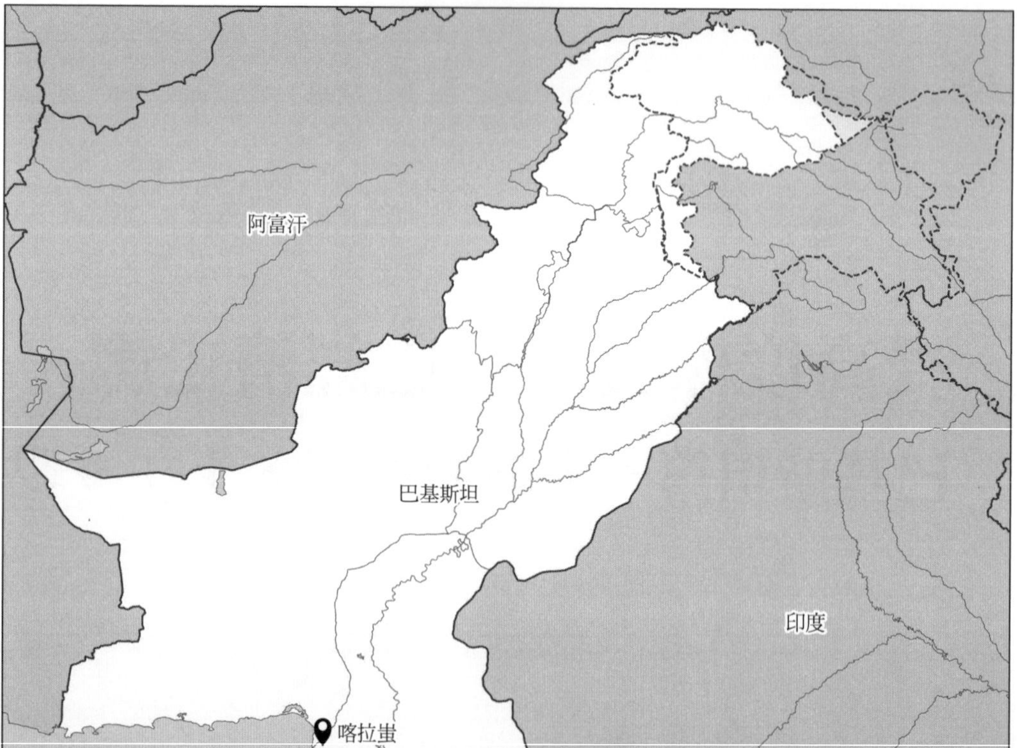

國家：巴基斯坦伊斯蘭共和國
人口：204,740,000 人（截至 2019 年）
面積：880,940 平方公里
密度：236 人／平方公里

這天是二〇一八年十一月二十三日，天色尚早，三名男子全副武裝，身穿綁著炸彈的背心，試圖衝進巴基斯坦第一大城喀拉蚩南邊克利夫頓（Clifton）鬧區的中國領事館。領事館內約有二十名中國員工在工作，旁邊圍繞著鐵絲網及柵欄，還有安檢站加強防護。距離海灘僅幾百公尺的外交大樓入口處，瞬間變成戰場。

第一次的爆炸在棕櫚樹下，隨後雙方交火超過半小時。終於恢復平靜之後，共有七人死亡。死者為兩名巴基斯坦警衛和兩個平民——他們只是前來申請簽證的一對父子，以及三名恐怖分子。恐怖分子最終並沒有攻入領事館內。數小時後，俾路支解放軍（Balochistan Liberation Army）表示會為此次攻擊負責。沒有任何中國人在這波攻擊中傷亡。

北京當局立即做出反應，要求巴基斯坦政府採取具體措施，以保障中國僑民的人身安全。這已經不是中國僑民第一次在當地受到攻擊。自從二〇一五年，習近平在該國實施新絲綢之路的旗艦計畫——建立一條連接印度洋和中巴邊界的公路、鐵路和發電廠的經濟走廊，投資總額達六百二十億美元，中國從中獲取的利益是攻擊事件不間斷的肇因。

中巴合作計畫，竟招致一連串的報復攻擊

二〇一七年六月，兩名中文老師在俾路支省（Balochistan）遭綁架後被撕票，伊斯蘭國

（The Islamic State）聲稱殺害兩名人質。二〇一八年二月，一名中國「中遠海運集裝箱運輸有限公司」（Cosco）的巴基斯坦分公司總經理，在喀拉蚩遭到槍擊身亡。就在案發數週前，中國駐伊斯蘭瑪巴德（Islamabad）大使館曾警告，駐巴基斯坦的中國機構外派人員，遭受新一波攻擊的風險極高。

然而一連串的恐怖攻擊並未停止。由於「中巴經濟走廊」（China-Pakistan Economic Corridor，簡稱CPEC）大部分的工程都由中國建設，因此湧入大批中國企業員工，巴基斯坦政府當局決定採取強硬手段，召集一萬五千名士兵保衛中巴經濟走廊，尤其是在貧窮的俾路支省，該地民族主義者揚言趕走中國人。

情勢越來越緊繃，反對聲浪指控中國投資者使巴基斯坦貧窮匱乏，處境就像中國殖民地。種種謠言在媒體和社群網站散布，例如，負責工程的中國房地產商，可能會在巴基斯坦的瓜達爾港（Gwadar）建造一個專屬領地，以容納五十萬名中國人。中國高層雖然立即否認這項消息，但仍擋不住巴基斯坦當地企業家的怒火，認為被排除在自家大型工程之外，遭受不公平待遇。對於政府當局的親中派作風，已達到忍無可忍的地步。

在此方面，伊斯蘭瑪巴德當局成立一個特別安全部門，仍不能制止排華的暴力行動。二〇一八年八月十一日，一名俾路支的自殺炸彈客攻擊一輛巴士，該巴士正要將一群中國工程師，載往巴基斯坦的俾路支省，距離山達克西南方三百四十公里的礦區。這起針對山達克礦區開發專案的中國員工攻擊事件，造成該名炸彈客身亡，車上的中國外派員工有五名受到輕傷。該礦區專案是由中國企業「中國冶金集團」（Metallurgical Corporation of China）承擔開發。

到了二〇一九年，攻擊事件再起。四月中旬，當載著中國工作人員的巴士車隊，行經喀拉蚩一所大學的正門時，爆炸聲響起，造成兩死十四傷。數日後，武裝分子在連接喀拉蚩到瓜達爾港的沿海道路上攔截一部車子，並殺害十四人。事發後，好幾個俾路支的分離主義組織，皆宣稱該行動是由自己發起。

此次事件受害者並無中國人。反抗者要傳達給伊斯蘭瑪巴德和中國的訊息很明顯：「你們儘管召集更多警力，但我們絕不善罷甘休。」

中國投資者的安全問題日益堪憂。幾天後，在舉行第二屆絲綢之路高峰論壇之際，習近平會見巴基斯坦總理伊姆蘭．汗（Imran Khan）時，不免提及此事。

這兩位亞洲領導人雖然以往看法明顯分歧，以致兩國關係一度停滯，現在卻是有志一同，完全不想放棄他們的巨型建設計畫。**雙方在人民大會堂簽下多項新合約，北京當局以降低借貸、額外贈款作為獎勵，畢竟中國也不樂見這位盟友陷入經濟危機。**

但是，巴基斯坦的財務狀況仍然艱困，其外債超過一千一百億美元，外匯存底快要見底（僅剩八十億美元），還有失控的預算赤字。巴基斯坦向國際貨幣基金組織（International

Monetary Fund，簡稱ＩＭＦ）求援，該組織在華盛頓的理事會，同意撥六十億美元貸款以協助紓困。這一切卻無法阻止當地的暴力攻擊發生。

五月十二日，也就是中巴會晤兩週後，武裝分子闖入一家位於瓜達爾、由中國人建造的高級飯店，並開槍射殺，造成五人死亡。俾路支解放軍聲稱其發動該襲擊。

維護人民安全，大批保安進駐巴基斯坦

以安全的立場來看，中國體悟到要維護自己投資的安全，不能再完全依賴巴基斯坦政府。中國要求派駐在外的中國企業僱用專業保安人員。於是，北京當局調派的大批私人保安進入巴基斯坦。其中有一家保安公司最受矚目，名為「先豐服務集團」（Frontier Services Group，簡稱ＦＳＧ）。

這家物流暨保安公司的總部在香港，二〇一四年由前美國海豹部隊軍官艾瑞克・普林斯（Erik Prince）創立。普林斯最為人熟知的是他曾經領導「黑水」（Blackwater）私營軍事公司，該公司在伊拉克和阿富汗等國家相當活躍。普林斯的姐姐貝琪・戴弗斯（Betsy DeVos）則是美國的教育部長。普林斯很樂意應用自己的專業服務北京當局，而北京當局也很欣賞這位五十歲美國人的才能。

二〇一八年，他將自己在先豐的部分股權賣給中國國企中信集團（Citic），中信集團從此成為先豐的第一大股東，持有二八．四%的股權。普林斯的持股則不到一〇%，但繼續擔任副總裁，享有優渥年薪（二〇一八年為八十七萬五千美元，包含分紅）。現今，先豐服務集團的主要任務在於保護非洲、中東和亞洲的絲綢之路。

中國人呂朝海是普林斯的其中一位上尉，負責先豐在巴基斯坦的業務。這位前新疆企業家在二〇一八年時，維護中國西部省分與巴基斯坦之間的陸路運輸安全，他的客戶是中國長江三峽集團公司（China Three Gorges Corporation）。

該公司僱用九百五十名中國工人和三千名當地勞工，在伊斯蘭瑪巴德的東南部建造一座大型水壩。先豐於二〇一七年在新疆喀什（Kashgar）附近，開設新的分支機構，喀什是「中巴友誼公路」的起點。先豐的野心是要為整個中巴經濟走廊及其相關項目[19]服務——超過三萬名的中國機構外派人員在那裡工作。二〇一九年一月，擁有四百五十名員工的先豐總部甚至在官網上宣布，將在新疆開設培訓中心。

19《二〇一七年「先豐服務集團」年度報告》，第四頁。

20 Helena Legarda、Meia Nouwens，《一帶一路的守護者：國際化的中國私人保安公司》，《梅里克斯／中國觀察》，二〇一八年八月十六日。

普林斯的公司不是唯一對巴基斯坦市場有興趣的保安公司[20]。競爭對手中國海外保安集團（China Overseas Security Group，簡稱COSG）透過子公司「泛亞集團」（Pan-Asia Group），在巴基斯坦越來越活躍，主要負責外交任務或中國企業的保安。儘管伊斯蘭瑪巴德當局，在二〇一二年就曾禁止外國保安公司在其國內營運，但也只是睜一隻眼閉一隻眼。

伊姆蘭．汗長期抨擊一帶一路的項目，認為協議不公，但自二〇一八年接掌政權擔任總理以來，他很清楚自己別無選擇，不僅要接受中國援助才能幫助他的國家發展，而且還必須盡一切努力使其恢復平靜。根據美國皮尤研究中心（Pew Research Center）調查，絕大多數巴基斯坦人對中國人有好感，而非將其視為入侵者。

稱兄道弟，也會有出現家庭糾紛的時候

巴基斯坦食品大廠「山食品」（Shan Foods）最近的一支廣告，也傳達中巴建立友誼的希望。

影片中，我們可以看到一對中國年輕夫婦僑居在拉合爾（Lahore）。太太遠離家鄉，到了陌生國度，窩在家裡很無聊，她的丈夫建議：「妳應該嘗試交新朋友。」她回答：「可是當你吃的食物和大家不一樣時，這並不容易。」突然，她的靈感乍現，去超市買了一袋印度

香飯，這是一種雞肉加上辛香料和香草的米飯料理。

她照著手機上的食譜烹調。然後，她戴上紗麗[21]，遮住頭髮，提起裝著食物的籃子，去找巴基斯坦拉合爾市的鄰居，和他們說：「保證好吃！」然後大家一起合照，馬上就變朋友了。這個廣告在巴基斯坦的社群網站瘋傳，並獲得多座獎項，就像習近平在二〇一五年訪問伊斯蘭瑪巴德所說的一句話：「這是我第一次到這裡，但是感覺就像到了兄弟的家。」

以絲綢之路對巴基斯坦造成的利益得失來看，北京政府與伊斯蘭瑪巴德政府之間，即便親如兄弟，也可能會有發生家庭糾紛的時候，但面對兩國共同的敵人——印度，中巴結盟就變得至關重要。

中巴兩國領導人在二〇一九年四月二十八日於北京會晤時，習近平重申巴基斯坦是中國的「全天候戰略合作伙伴」。而中國企業家在二〇一九年七月訪問伊斯蘭瑪巴德期間，承諾投資五十億美元，再次展現對巴基斯坦的友好。不過，這份友誼若要持久，中巴聯盟必須克服嚴峻的安全挑戰——大量的中國勞工在巴基斯坦每天要面對的生命威脅。

21 印度、孟加拉國、巴基斯坦、尼泊爾、斯里蘭卡等國婦女的一種傳統服裝。

第六章

藏在沙漠裡的新加坡——阿曼新興城市杜克姆，上午8點

杜克姆
Duqm

國家：阿曼蘇丹國
人口：4,829,473 人（截至 2018 年）
面積：309,500 平方公里
密度：15 人／平方公里

在全球目前兩百個新興城市中，杜克姆（Duqm）的興起也許是最令人驚訝的。杜克姆位於阿曼（Sultanate of Oman）的首都馬斯喀特（Muscat）西南方四百八十公里處，十年前只是阿拉伯海的一個小漁港，周圍沙漠環繞，數百名貝都因人（Bedouin）在此從事傳統活動，生活平和。但自從一九八〇年代，鄧小平決定將這個純樸的漁村改造成經濟特區後，一切都變了，有點像中國深圳的轉變。深圳這座城市經過了四十年，現已擁有兩千萬居民，並且化身為中國矽谷！

相形之下，杜克姆的改革才剛起步。在阿曼王國掌權將近半個世紀的卡布斯・本・賽義德（Qabous bin Saïd），與「小舵手」鄧小平互動不多。但二〇一一年他簽署王室法令，在杜克姆設立經濟特區，並向外國投資者招標，以實施阿曼「二〇四〇願景計畫」。這項長程的願景計畫，主要是想改變這個僅四百萬人口的石油小國，並稍減對於「黑金」石油的經濟依賴，因為該國財政收入有三分之二仰賴石油。

該國正面臨大規模失業，必須展開新的經濟活動才能創造就業機會，而杜克姆成為扭轉該國經濟的核心角色。儘管不久之前，我們可能在地圖上，都還不太容易找到這個路上到處都是駱駝的城市。如今，這座城市幾乎沒有沙塵，它有一座機場、一條三線道的高速公路和一個新港口，加上靠近主要的國際海運航線，新港口可容納來自世界各地的大型船隻。最重要的是，它與杜拜的傑貝阿里港（Jebel Ali）形成競爭對手。現在沿著杜克姆靠近阿拉伯海的海灘上，五星級酒店林立。該國希望在二十年內，遊客人數可增加三倍，達到一千一百萬人次。

這只是初步階段。因為二〇一六年，中國人開始登陸，參與打造新城市的建設團隊。對於蘇丹王國而言，中國投資者來的正是時候。因為二〇一四年開始，石油價格下跌，使該國的財政枯竭。二〇一九年，阿曼甚至被迫對外借款六十億美元，以維持國家財政穩定，而自危機爆發以來，其債務已增加兩倍。估計從二〇一二年[22]達到頂點以來，這段空頭使阿曼國民年收入減少五千美元，阿曼王國感受到實施國內經濟多樣化刻不容緩。

杜克姆港位置吃香，中國毫不猶豫的掏荷包

二〇一六年，阿曼與中國企業家簽署協議，這群中國企業家來自中國中部的寧夏回族自治區。有許多穆斯林少數民族住在該區域，希望能與中東建立關係。中國企業承諾，將投資一百零七億美元在杜克姆港的新工業區。該區將成為中國專屬經濟區，稱作「中阿工業城」（Sino-Oman Industrial City），包含三十餘個開發項目（營造設備的儲存、甲醇生產廠、汽車組裝、太陽能板⋯⋯）。此外，還有住宅和一家大型旅館還沒計算在內。

除了這筆意外資金，由中方掌控的亞洲基礎設施投資銀行（簡稱ＡＩＩＢ），同年還

提供二・六五億美元的貸款。雖說表面上看起來是私人企業在開拓業務，實際上北京當局不可能袖手旁觀。有了杜克姆，中國非常清楚漫長的絲綢之路，所達之處又新添一個。

在阿曼王國占有一席之地後，北京看到在中東擴大其影響力的方法。為了達到目標，中國會毫不猶豫打開荷包，因為這座城市的位置很吃香。美國地緣政治專家羅伯特・卡普蘭（Robert Kaplan）二〇一四年分析：「它具有絕佳的地理環境，位於印度和東非之間，靠近波斯灣，而且完全在海灣外。這意味杜克姆港沒有海灣內部港口的『風險』[23]。」

卡普蘭所指的風險便是伊朗。伊朗隨時可以箝制荷莫茲海峽的進出，世界共有三分之一的石油都經由該海峽運輸。德黑蘭經常威脅封鎖荷莫茲海峽，一旦實施，將在石油市場引起恐慌。

自二〇一九年春季，美國與伊朗之間發生危機以來，行經荷莫茲海峽的油輪數次遭到攻擊，該區域的情勢再度緊繃。而杜克姆港基於戰略位置，極度希望能取而代之。卡普蘭認為杜克姆港將來大有可為：「杜克姆很可能——我強調『很可能』將在二十一世紀中葉成為一

22 阿曼人平均所得（按美元計算）在一九九八年至二〇一二年期間增長為三倍，在二〇一二年達到兩萬兩千一百三十五美元。根據世界銀行的數據，二〇一七年該國人民平均所得降低為一萬五千兩百六十七美元。

23 根據斯特拉福智囊團（think tank Stratfor）所做的地緣政治分析，專家羅伯特・卡普蘭專訪，二〇一四年。

個特殊的地方，一個可與新加坡甚至香港比擬的小城市。」

這樣的發展顯然對中國人來說沒什麼不好。但自從他們到達當地，阿曼的局勢似乎變得更複雜。當然，中國杜克姆工業區的工程已展開，新的建築物和房屋，在沙漠入口處一棟接著一棟蓋。當局宣布，到了二〇二〇年將有十萬個居民，到了中期可望有二十五萬個居民。該計畫剛進入第一階段，似乎按照預定計畫進行。可是，中國由外而內深入阿拉伯半島，嚴重引起美國不安。

阿曼王國過去被視為避風港，現在重新成為對峙之地。令華盛頓當局最擔憂的不是中國收購杜克姆港的合約，而是中國對於位在阿拉伯半島的小國阿曼，控制力日益增強。北京甚至已經購買阿曼五分之四的石油，卡布斯努力擺脫對石油的過度依賴，如今面臨的風險是另一項依賴——中國。畢竟，從最近發展的絲綢之路歷程來看，沿途路標不都是未付款的債務？中國讓沿途這些合作國家陷入債務深淵，只會增強中國對其控制力。

中國氣息濃厚，美國軍事安全受威脅

美國已經可以看到紅色五星旗的陰影遍布這片阿拉伯沙漠。但馬斯喀特當局，還是相信阿曼王國始終是中立的，他們是阿拉伯半島上的瑞士。對於投資方也是如此，因為雖說中國人在杜克姆確實很常見，但他們可不是唯一的外國人，葡萄牙、韓國、伊朗甚至卡達（Qatar）也都投注這顆阿拉伯半島上的未來明珠。

令美國惱怒的是，中國威脅美國在中東地區呼風喚雨的權勢。他們很清楚中國到處「開支票」，以換取在當地日益重要的地位，然而，中國早期對中東地區而言，幾乎像是不存在一樣。

二〇一八年，北京當局向中東國家提供兩百三十億美元的貸款，並在該地區簽署兩百八十億美元的投資協議。而引起美國焦慮的另一個原因是「安全」。馬斯喀特已授權中國海軍在其港口可以中途停靠。美國自一九八〇年以來，一直是阿曼的軍事夥伴，現在中國軍艦在杜克姆港擁有特許權，華盛頓當局當然無法接受。這就是為何二〇一九年三月，美國要與阿曼簽署新的防禦協定，允許美國戰艦進入杜克姆港以及更南邊的薩拉拉港（Salalah）。

官方說法是，此舉攸關美國有足夠應變能力面對伊朗的威脅。但實際上也是深恐中國勢力崛起，近六年多來，中國加速談判締結協議，除了在阿曼取得立足點，中國還實現一條海軍軸線，即從巴基斯坦的瓜達爾港，經過杜克姆港，最後到吉布地。二〇一七年，中國在吉

24 關於巴基斯坦，請參閱第五章。關於吉布地，請參閱第八章。

布地的第一個海軍基地正式成立[24]。

杜克姆港的情勢變化還有待觀察。阿曼蘇丹卡布斯堅守中立傳統，目前讓美國、中國和英國的船隻共同停泊。但這位開明君主已於二〇二〇年一月病逝。

研究該區的專家馬克西姆．昂弗雷（Maxime Onfray）表示：「遭受經濟危機的阿曼王國已經很脆弱，這種不確定性不僅對國家內部穩定構成風險，也會對阿曼未來的定位造成疑慮。下一個統治者會保持當前的中立政策？還是屈服於中國或美國的利誘之下呢？[25]」

25 馬克西姆．昂弗雷（Maxime Onfray），《阿曼的地緣政治：一個合法的參與者》（*La geopolitique d'Oman: un acteur legitime*），二〇一九年四月，世界之眼獨立智囊團（Les Yeux du Monde）。

第七章

以色列的港，上海集團特許經營——

特拉維夫，上午7點

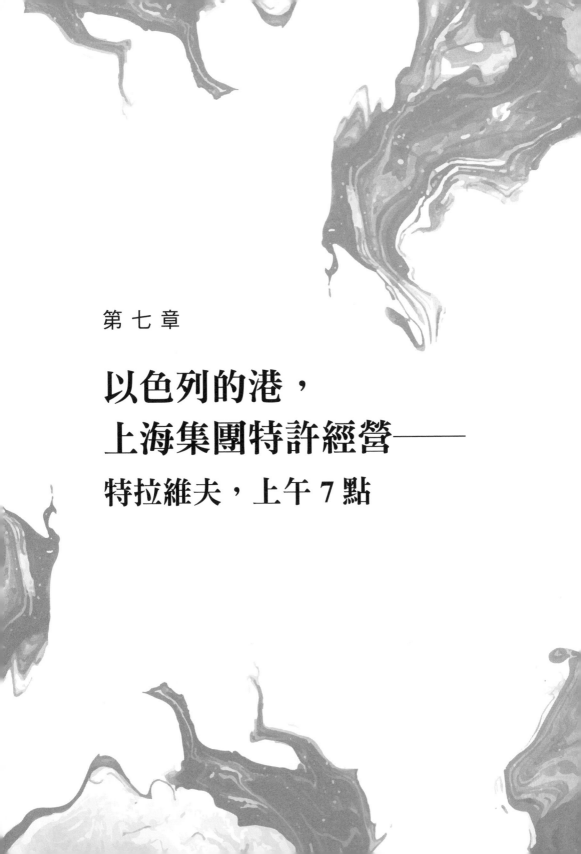

特拉維夫
Tel Aviv

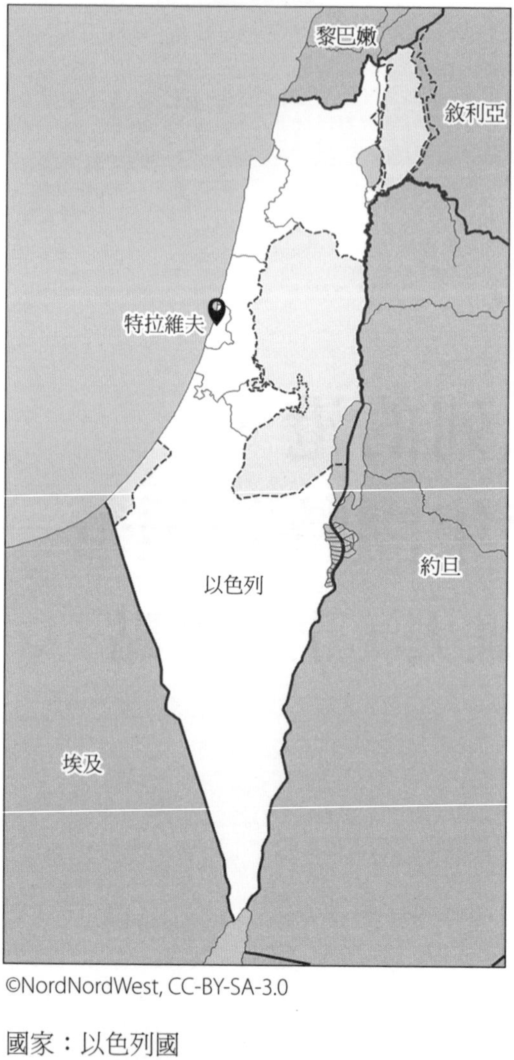

國家：以色列國
人口：8,448,300 人（截至 2018 年）
面積：20,770 平方公里
密度：387.63 人／平方公里

一大清早，特拉維夫廣大的工地，每個入口都聚集幾十個人。一條巨大的溝渠將這個城市的東部和其他部分隔離，數百名工人日夜趕工。

這個大型工程使特拉維夫在尖峰時段的交通更混亂，馬路上車潮壅塞，行駛三百公尺經常要花十五分鐘。但當地人對於這般不便顯得很有耐性，經過時看到進進出出的中國工人，輪番鑽進這座城市的「肚子」幹活，讓他們感到放心。

這裡的中國工人遵守紀律，規規矩矩的在工地門口排隊，認真聽候工頭的指示。工頭仔細檢查每位工人，確認沒有嗑藥或喝酒，這幾乎是一個軍事化組織。符合特拉維夫現代大都會形象的大眾運輸網，終於有望完成。

早在一九六〇年，以色列就計畫興建捷運，以利發展經濟，但因技術困難和政策方向等複雜程序，這個龐大的項目被各個政治團體不斷延遲、取消，直到負責這項行動的以色列公路當局決定招標中國企業。

敞開大門歡迎中資進駐

工期三年，總投資八億歐元，中鐵隧道集團動用六臺巨型隧道鑽掘機，鑽探未來的捷運紅線，預計二〇二一年將可連接東北部佩塔提克瓦（Petah Tikva）與南部雅法港（Jaffa）。

一家聯營集團取得十年的特許經營權，該集團由一個以色列交通公司和兩個中國集團組成，分別是以色列 Egged 公司、深圳地鐵集團和中國土木工程集團，其中，中國土木工程集團也是負責此次鑽探隧道公司的母公司。中國共產黨的官方新聞機構《人民日報》，自然得大肆讚揚中國企業拿下這項重要的技術工程：「這是中國企業首次參與已開發國家的城市地鐵工程，這表示中國在國外市場上極具國際競爭力。」

前部長耶爾．沙米爾（Yair Shamir）則評論得比較平淡：「對我們來說，他們很適合，價格很有競爭力，也不會和我們打官司。那些沒拿到這份合約的人總說中國人不可靠，這樣做只會讓他們下回也拿不到合約。」

耶爾．沙米爾是前總理伊扎克．沙米爾（Yitzhak Shamir）的兒子，曾任農業部長，是催化劑基金（Catalyst Fund）的聯合創辦人，該基金主要投資初創公司。耶爾．沙米爾出生於一九四五年，對於中國的工業機械有興趣。他的辦公室位於北塔二十三樓，這是該市最新的摩天大樓之一，從辦公室可俯瞰地中海和特拉維夫的市景，營建工地遍布市區。

近年來，以色列的操作模式越來越像中國。據耶爾．沙米爾的觀察：「他們來觀光時經常會帶著伴侶，而且把旅行與商務結合。他們對房地產不感興趣，但非常關注技術、農業及海水淡化系統。」他現在已經懂得如何與這些新合作夥伴打交道，而且還不只是特拉維夫的地鐵項目，他在二〇一四年募集資金成立基金，其中超過五〇%的資金來自中國投資者，以香港光大國際集團有限公司（Hong Kong Everbright）的名義投資。

在科技領域，二〇一八年的以色列仍以外國人投資為主，美國人占比超過三五%，但中國人不知不覺已經占四%，領先德國。而他們的胃口不僅僅局限於資訊科技。二〇一四年，中國食品巨頭光明食品（Bright Food），收購以色列乳製品龍頭特魯瓦（Tnuva）的大部分股權。

二〇一八年七月，中國民生投資集團（CMIG）的子公司思諾國際保險集團（Sirius International Insurance Group），原本欲收購德雷克集團（Delek Group）旗下的保險公司，在以色列監管機構要求擴大買方的擔保清單之後，最終破局。

中美貿易戰，中立國猶如走空中鋼索

自從川普入主白宮，華盛頓對北京發動的貿易戰，使以色列的處境更困難。

位於海法市（Haifa）的以色列理工學院（Technion），是以色列著名的多元高等學府，負責對外關係的副校長波茲．戈蘭尼（Boaz Golany）直言：「我們自二〇一三年以來，一直將自己定位為中美之間研究和發展的橋梁，我們努力扮演中間者的角色，但從二〇一八年開始，我們就像在高空中走鋼絲。」

從他的辦公室窗戶往下看是一大片下加利利（Basse Galilee）肥沃平原。辦公室裡充滿許多旅程的回憶，擺放的照片和奇珍異寶主要是該校與中國多次交流的紀念。

戈蘭尼特別提到和阿里巴巴創辦人馬雲，在廣東以色列理工學院的會面，並引用馬雲說的話：「在這的人，創新不僅是為了成功，也是為了生存。」然而，這位以色列理工學院副校長感到最驕傲的是，二〇一七年在廣東省汕頭大學設立以色列理工學院分校。香港富翁李嘉誠在六年前的一次訪問中，對以色列的技術感到欽佩，決定捐獻一．三億美元協助建校。

名聞遐邇的以色列大學位於迦密山（Mount Carmel）的高地上，感受到來自遠東改變風潮的並不只有它。從幾年前開始，整個海法市似乎都跟著北京時間改變生活節奏。

二〇一〇年底，迦密山的隧道開通，儘管該項工程案興訟多次，但超出負荷的道路網終於得以疏通，改變城市結構，而該工程也是發包給中國企業，而且還提早六個月完工。

其實海法的當地居民，很少有人抱怨中國人介入當地的基礎建設工程。然而，中國接管海法港，引發以色列國內乃至美國的激烈論戰。二〇一五年，**以色列交通部授予上海國際港務集團（Shanghai International Port Group）海法港的特許經營權，協議從二〇二一年起始，為期二十五年，上海國際港務集團對海法港的開發和貨櫃碼頭擁有特許經營權**。更早之前，在特拉維夫南邊的全國最大港——阿什杜德（Ashdod）港，也與中國簽署類似的開發合約。

由於協議之前，中國方面並未提出正式要約書以作為審查依據，相關負責人提出的理由是，交給中國管理可以打破數十年來的港口壟斷。畢竟，中國在這一領域擁有國際經驗，且已管理全世界數十個港口，特別是雅典的比雷埃夫斯港（Piree），還有參與義大利熱內亞（Genova）四九％的新港口建設。

一位前以色列外交官說：「但是，港口非同小可，以色列情報局和美國人對此感到不滿。」批評者認為以色列港口被中國人占用，將有軍事間諜入侵的風險。

海法港有以色列海軍建立的海底基地，美國第六艦隊視其為地中海的母港之一。美國軍方認為，這等於提供中國一個理想的觀察站，趁機記錄兩國海軍在地中海的活動。美國因此向以色列施壓，要求重新審查與中國的海法港協議。正如一九九〇年代後期，華盛頓讓以色列這位盟友放棄出售先進的費爾康（Phalcon）防空系統給中國一樣。當時令北京當局相當憤怒，並因此打斷兩國之間的軍事合作計畫。

然而，一位法國網絡安全專家提出，情況可能正在改變，因為網絡安全相關產業引起中國投資者的高度興趣，並希望藉此打進以色列市場。在二〇一八年底，以色列人在這門行業約有四百五十家初創企業，樹立全球聲望，僅次於美國，位居世界第二。美國同時也是世界第一大市場。根據這位法國專家所言，美國情報部門很可能利用以色列的先進軟體，在網絡空間進行間諜活動，但最後蒐集到的訊息卻拒絕與這位希伯來盟友共享。以色列人當中，也有人並不反對中國人入境投資這項軍事高科技產業，華盛頓當局應該要想到這個情形。

第八章

全球必爭駐軍基地，中國買下了——

東非吉布地共和國，上午7點

吉布地共和國
Djibouti

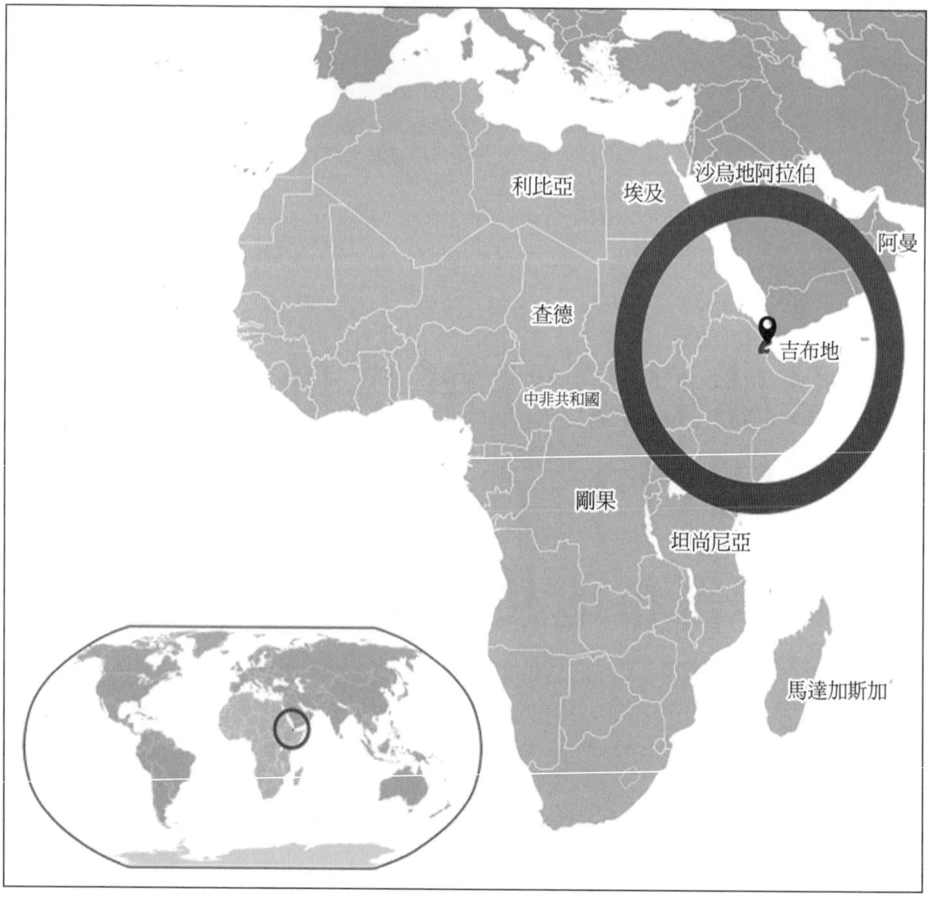

©Alvaro1984 18

首都：吉布地市
人口：810,179 人（截至 2014 年）
面積：23,200 平方公里
密度：37.2 人／平方公里

二〇一七年八月一日是中國人民解放軍成立九十週年。大紅布條掛在軍營大樓上，上頭以法文（吉布地的官方語言）和中文寫著「中國人民解放軍吉布地基地落成典禮」。三百名身穿卡其色和白色制服的士兵列隊，坦克和裝甲車就定位，由基地指揮官梁揚上尉出席檢閱，向兩國國旗致敬。這天，中國要向全世界展示其雄霸天下的新里程碑。

而法國方面，也是在這天發現自己在非洲大陸的影響力已今非昔比。拿破崙三世的外交大臣愛德華・德・突維內勒（Edouard de Thouvenel），於一八六二年三月十一日簽署一份合約，法國因此取得奧博克（Obock）領土，之後陸續更名為「法屬索馬里蘭殖民政府」、「法屬阿法爾和伊薩領地」，到現在的**吉布地共和國，當時法國完全沒料到這片沿海地區的彈丸之地，有一天會成為中國第一個海外軍事基地**。這片幾乎無人居住的乾旱之地，就像是「無用的殖民地」，法國人僅將其當作通往曼德海峽（the Mandab Strait）的門戶[26]。

在此期間，巴黎當局重新發現這個非洲之角（Horn of Africa）聯盟國的價值，它在一九七七年選擇脫離法國，自行獨立，駐紮一千四百五十名法軍。

然而，從二〇一七年開始，法國軍隊必須與中國軍隊共同駐紮該地，北京把目光投向這

26《無用的殖民地：奧博克（一八六二至一八八八年）》，出自《非洲研究筆記本》，第八卷，一九六八年，第三十二至四十七頁，亨利・布倫施維格（Henri Brunschwig）著。

個面積兩萬三千平方公里的非洲小國，看重的顯然不是它的自然資源或內需市場（人口不到九十萬），而是絕佳地理位置——吉布地西部毗連正值經濟繁榮的衣索比亞，東臨紅海與亞丁灣（Gulf of Aden）。隔著曼德海峽與葉門相望，之間距離十九公里。曼德海峽是世界上最繁忙的海上通道之一，每天有近五百萬桶石油運輸時會經過此地，每年有近一千五百艘中國商船通過。

吉布地北控蘇伊士運河通道，南扼印度洋咽喉。世界上還有其他地方的戰略位置比它更重要嗎？

二十年來，許多大國紛紛在此駐軍，吉布地成為「駐軍國」[27]，除了吉布地獨立後仍繼續留下來的法國駐軍，二〇〇三年美軍亦進駐，吉布地成為非洲最大的軍事基地——超過四千名美軍，包括著名的海豹突擊隊在內，負責執行祕密行動，或是將無人機開往索馬利亞或葉門。其次是駐軍較少的日本、義大利、西班牙和德國。對吉布地政府而言，這是賺錢利器，因為各國駐軍都需要付出高昂租金，讓這個小國每年進帳超過兩億美元。

但是，自一九九九年開始執政的伊斯梅爾．奧馬爾．蓋雷（Ismaacil Cumar Geelle）與中國的關係，比過去其他外國夥伴更緊密。一開始主要是經濟結盟。北京當局提供貸款，並開發多項大型基礎設施，意在將舊日的法國貿易站轉變為「非洲新加坡」[28]：興建多功能的新港口多哈雷（Doraleh），建築吉布地和衣索比亞之間的導水管和鐵路，以及設立首都自由貿易區等。

蓋雷總統對這項結盟很有信心，經過與中方代表數次會晤，很快就被說服未來向北京和深圳靠攏，而非巴黎或華盛頓。他責怪西方國家不重視吉布地，因此，他在二〇一四年與北京簽署戰略國防合作關係，是很正常的選擇。

一年後，某位中國高官終於承認，**中國正準備在吉布地設立軍事基地。法國、日本、美國都瞠目結舌**。當然，謠言已經傳很久，但一旦成為事實仍不免驚愕。這項在二〇一五年十一月的消息，代表中國外交政策一個歷史性的轉捩點，在此之前，中國外交政策一直禁止在海外駐兵，認為那是新殖民主義或美國霸權的做法。

以「後勤基地」之名，行備戰之實

多年來，北京當局已經意識到保護中國在非洲利益的重要性，確保海上航線的安全，並

27《吉布地和軍事基地的「生意」》（*Djibouti et le "commerce" des bases militaires: un jeu dangereux?*），政治空間學術期刊，二〇一八年一月，尚・盧克・馬丁諾（Jean-Luc Martineau）撰。

28 尤納斯・阿比耶（Yonas Abiye），二〇一八年十二月二十二日報導。

保護日益增多的中國海外僑民。中國二〇一一年在利比亞和二〇一五年在葉門的大撤僑，使中國深刻領悟在海外部署人民解放軍刻不容緩。接著，從二〇〇八年開始，中國一直積極參與打擊索馬利亞沿海海盜的行動，因此亟需一處後勤基地供其護衛艦使用。儘管海盜襲擊次數從二〇一一年的一百七十六起，到二〇一八年的兩起，確實大幅減少，但中國始終希望替自己在非洲逐漸擴增的部隊，找尋一個「家」。

表面上來看，這使得中國在吉布地建立第一個海外「後勤基地」顯得合理，但其中隱含著中國稱霸天下的野心，意圖在七千公里之遙的沿海地帶，積極展現強大軍力。二〇一五年十二月通過一項法令，准許中國武裝部隊在海外進行打擊恐怖主義行動，這證實中國在外交戰略上的變化。

中國在吉布地的新基地於二〇一六年開始進行祕密建設。該工程並非由當地工人負責，而是一千多名的中國工人。根據衛星照片，西方國家追蹤到距離法國和美國的駐軍地點不到十五公里處，正在快速興建一座基地。這座軍事基地於二〇一七年正式啟用，嚴密保護的程度像是沙漠中的美軍基地諾克斯堡。占地三十六公頃，數十棟建築物、機庫和兵營，外圍被厚度和高度皆達十幾公尺的混凝土城牆圍繞。

根據一些軍事期刊的報導，該基地擁有一間超現代化的醫院，地下室有好幾層。並指稱還有一條四百公尺長的跑道，供直升機、無人駕駛機和中國飛機垂直起飛使用。究竟駐紮多少位軍事相關人員？中國不願證實。

中國與吉布地簽署為期十年的基地合約，規定駐紮人數最多不得超過一萬名，年租金為一千七百萬美元，與美國年租金五千七百萬美元相較，吉布地幾乎是將此地送給中國作為「禮物」，並且還在幾十公尺外，興建一個深入海中將近一公里長的碼頭，以供中國大型軍艦停靠。

所有的這些跡象都表明，中國不可能將該基地用途局限於後勤補給，而是作為海軍及陸地訓練營地，以做好戰鬥準備。就在啟用典禮數週後，基地指揮官梁揚將部隊帶往首都以西三十公里的米里亞姆（Maryam），在沙漠裡進行戰鬥訓練。負責吉布地安全事務的法國駐軍，清楚觀察到中國駐軍最新一代裝甲、兩棲坦克，以及火炮演習。反之亦然，中國駐軍也可以就近觀察法國和美國駐軍的一舉一動。

由於中國基地的地理位置和其他國家基地非常靠近，容易引發衝突。例如，美國五角大廈在二〇一八年五月的聲明指出，有兩名美國飛行員遭到軍用級雷射照射，造成暫時性失明，而該軍用級雷射疑似是從中國基地發出。當日，華盛頓表示已提出正式的外交抗議，並要求中國當局調查，中國卻拒絕承擔所有責任。但是，這次事件充分說明在非洲之角的彈丸之地，普遍存在的不信任。

二〇一九年六月，美國駐非洲司令部情報處處長海蒂・伯格（Heidi Berg）海軍上將，公開抨擊中國對美軍軍營進行「不負責任的行動」，中國軍方不但全盤否認，還指責美國暗中偵察中國在吉布地的基地。

中國軍隊進駐兩年後，發現兩軍共處的困難。由於美軍軍營仰賴吉布地港口供應物資，美國擔心吉布地向中國借貸金額已經超出其償還能力，最終可能被迫將港口抵押償還，屆時中國便可完全控制該港口。如果將來中國對美國海軍艦隊實施限制，情勢將會如何演變？

中國人對該地區的意圖，我們顯然能在電影院裡理解得更清楚。電影《紅海行動》（*Operation Red Sea*）於二〇一八年二月在中國上映，創下高票房。透過媲美好萊塢的大製作，將中國海軍精銳特種部隊塑造成中國藍波的英雄角色，衝鋒陷陣營救在葉門受到恐怖威脅的僑民。

在其中一個動作場景中，我們看到一位受害者向士兵哀求：「美國人，求求你，救救我的孩子！」而該名士兵實際上是中國人民解放軍，其中要傳達的訊息很明確：中國人現在和美國人一樣厲害，不論是在現實中或電影裡。

第九章

勒緊褲帶也要裝中國製電眼——

辛巴威首都哈拉雷，上午6點

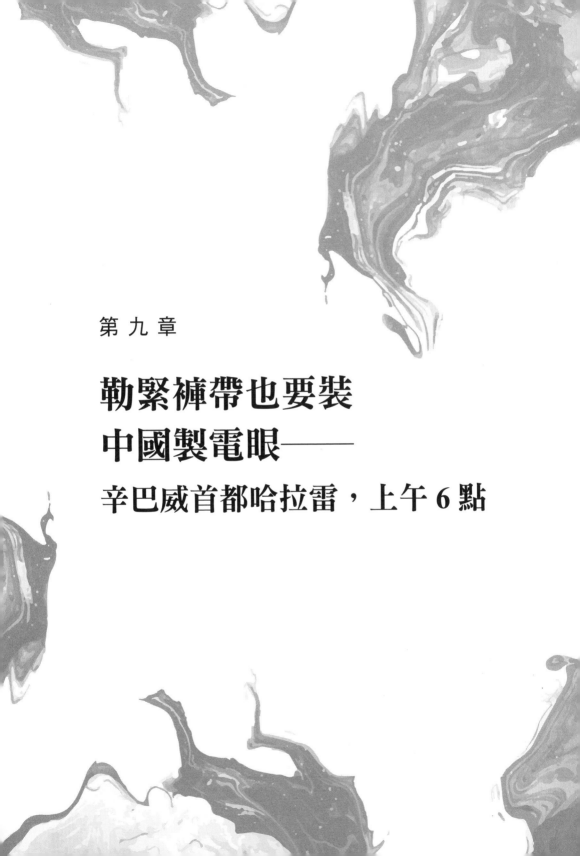

哈拉雷
Harare

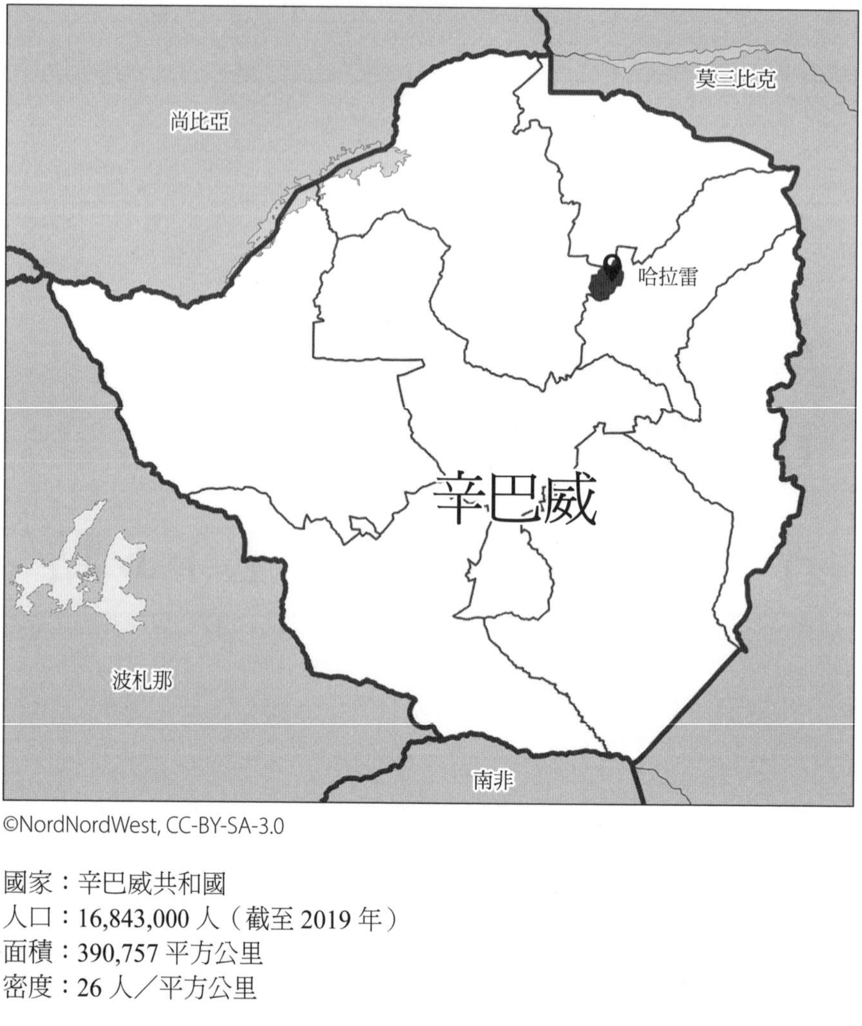

國家：辛巴威共和國
人口：16,843,000 人（截至 2019 年）
面積：390,757 平方公里
密度：26 人／平方公里

在短短幾個月內，哈拉雷市的廣闊大道被不尋常的高科技物體入侵。在新任總統艾默森・姆南加瓦（Emmerson Mnangagwa）的推動下，辛巴威首府裝設最現代的網路監視系統，以監控城市大小街道及一百五十萬個市民，從此進入網路時代。

警方在二〇一八年底購買價值兩百萬美元的設備，架設在該市唯一的金融區，期望藉著交通違規罰單的收入，在一年內回收成本。在這個人口將近一千四百萬人的國家，道路交通事故層出不窮，往往釀成悲劇。據統計，該國每年有兩千人死於交通事故。自從安裝監視器之後，馬路上的交通事故影片不斷在網路上串流。

這些中國製造的攝影機，其功能並不僅止於監控交通。透過在城市所有「戰略」地點安裝攝影機，並配備人工智能，也可以監視這個動盪國家的全國人口。

辛巴威是世界上最貧窮的國家之一，失業率接近八〇%。在羅伯・穆加比（Robert Mugabe）獨裁統治長達三十多年來，國家飽受經濟困境與濫權腐敗之苦，最後引起人民持續一年的示威抗議，要求罷免總統，其最後於二〇一七年十一月下臺。

中國企業多年來在辛巴威經營頗有成效。辛巴威及其一千四百萬的人民，得到北京當局的政治和財政支持，在首都街道上安裝攝影機就是最佳例證。

表面上，這種新的監視設備，應該可以監測即時的交通問題和人民違規行為。但是，辛巴威領導階層在聽取中國製造商海康威視的說明後，很快意識到中國可以從這項新玩意兒挖掘到的所有好處。測速、高解析度畫面、夜視鏡、攝影機和人工智慧解決方案能進行影像智慧分析，特別是對於打擊犯罪的應用很廣泛，甚至還能監視全國人民。

艾默森・姆南加瓦是前總統羅伯・穆加比的得力助手，二〇一八年八月在平臺成立時，他宣布：「實現我們經濟現代化的目標需要高級的安全系統，此類技術應用的推廣，有助於改善全國的國家安全。因此，我國政府將提供你所需要的一切支援。」

漂亮的場面話，讓辛巴威總統順利將全權委託給一家中國企業，也是全球資訊技術領域最具爭議的公司之一。該公司名為「杭州海康威視數字技術股份有限公司」，是遠程監控的全球領導企業。

其於二〇〇一年創立，二〇一九年初市占率超過全球四分之一。在全球擁有兩萬多名員工，且因其產品高性能及四二％股權由中國政府持有，獲得大力支持。據報導，近年來已挹注六十億美元的貸款和贈款，以助其在國際間發展，並收購主要競爭對手，獲得對全球監視攝影市場的控制權。

監視器隱藏的國安危機

海康威視已經展現強大的商業效率，包含美國警察部隊、德國足球場、法國機場等皆為其客戶。而銷售最佳之地是在英國，主要用於公共場所。據估計，全英國共安裝將近兩百萬個海康威視監控器，這項銷售佳績引起英國情報機構「政府通訊總部」（GCHQ）的警覺，因為海康威視攝影機蒐集的數據資料似乎有不能說的祕密。

二〇一七年三月，代號為Montecrypto的網絡安全研究員，發現這家中國製造商產品存在重大缺陷，將使駭客能夠入侵，並運用所有檔案。該專家指出，此漏洞估計從二〇一四年就存在，但海康威視並未表現出急欲修正的態度。

加拿大的皮埃爾．拉茲（Pierre Racz）是這方面的專家，也是Genetec公司創始人，他堅信中國情報部門本身就是利用此漏洞進行網路間諜活動，他肯定的說：「他們設法將其設備安裝在我們各項重要基礎設施上，以便將蒐集到的資訊傳回中國。」

姆南加瓦總統和其合作者似乎不擔心這些問題，中國高科技對於辛巴威社會的影響力可不僅限於安裝幾個監控器而已。在非洲和美國，捍衛公民自由的人越來越多，他們譴責中國在該地區耍的手段，認為中國試圖透過監控，將中國社會模式輸出到各國，因為在海康威視公司打入辛巴威市場的數個月前，哈拉雷當局和中國一家極具前景又年輕的人工智能公司，剛簽署一項大型合約。

二〇一八年三月，辛巴威政府與專事人工智能人臉辨識系統的廣州雲從訊息科技有限公司，簽署一項重要協議。該合作項目是「一帶一路」倡議「新絲綢之路」的一部分，得到北京的資金支援。主要是在該國啟動大規模的人臉識別計畫，來發展這些年建立的大型基礎資料庫。

麻省理工學院在二〇一八年發表的一項研究發現，為人臉識別開發的算法存在種族偏見：辨識黑人的準確率比白人相對低很多。歐美國家基於保護隱私權，對人臉辨識的使用有其限制，而中國並無相關法規限制，所以中國企業在這一領域領先美國和歐洲研究團隊。

雖然蘋果、臉書和谷歌有成千上萬的工程師正在研究這些技術，但這些技術目前應用在西方，特別是在歐洲，仍受到公民隱私保護和個人數據的法規限制。在中國，人臉識別技術被廣泛使用在執法和尋找罪犯，也應用在智慧型手機的解鎖和付款。

雲從訊息科技公司蔑視個人自由的基本尊重，在辛巴威蒐集數據，並為地方當局建立詳細的資訊基礎。該計畫的宣傳目標是加強當局的安全機制，能更有效率的追緝罪犯。這項大規模的辛巴威公民數據庫，同時能讓政府對全國人口進行完整調查，並根據年齡、性別、種族來分類。

而對於雲從訊息科技公司來說，它可以獲取所有蒐集到的資訊，使其數據庫的資訊更完整，提高人臉識別算法的精準率。

至於相關資料與公民數據庫的蒐集工作，辛巴威和中國可以透過深圳傳音科技公司（TRANSSION）進行。該公司在歐洲沒沒無聞，但在非洲名氣非常響亮。無論是一開始主打的功能型手機，到後來的智慧型手機，傳音在非洲手機市場占主導地位，二〇一九年初在非洲市場已超越世界第一的三星。其新系列產品均配備攝影鏡頭和人臉識別功能。而且，沒有任何地方的法律禁止其將蒐集到的訊息，轉移到中國的數據庫，就像海康威視監視器。

辛巴威和其他非洲國家一樣，對於個人隱私權缺乏保障，北京發展「一帶一路」倡議的數位網路，預計在全球部署數萬公里的光纖，以形成一個龐大的電信網絡，數據將以光速傳輸。中國當局可隨意控制各種資訊流。

西方國家的政府強調，中國高科技領導集團華為或海康威視開發的網路影像監控，可能帶來威脅。像美國、英國或法國這類國家擁有監管工具和懲戒機制，能夠監視這些中國大型企業逾越法規，但是非洲國家的情況完全不同。在辛巴威，沒有任何法律可管制中國演練人臉辨識算法或保護公民個人數據。更糟糕的是，除了哈拉雷，中國企業還說服非洲大陸其他首都接受相同的觀點，藐視個人自主性和隱私。

美國智庫「自由之家」（Freedom House）曾經探察中國說服當地政府高層的方法。其研究報告舉例，中國特別為一帶一路沿線國家的官員，舉辦一個為期兩週的「一帶一路網路空間管理」研討會。據研究員表示，由於該研討會相當封閉，外人不易得知詳細內容，但是他們觀察到，這些國家普遍透過立法的方式，以利中國在當地發展電子監控系統。

第十章

湖北武漢興起，
這裡卻沒落了——
德國重要工業城杜伊斯堡，上午6點

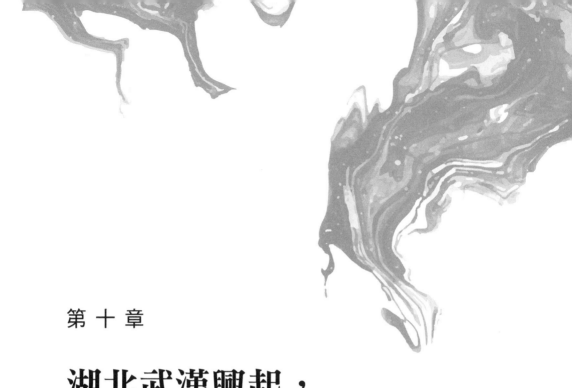

杜伊斯堡
Duisburg

國家：德意志聯邦共和國
人口：81,427,000 人（截至 2019 年）
面積：357,386 平方公里
密度：227 人／平方公里

三十八歲的王耀敏，很懂得利用大眾媒體來提高自己在德國北萊茵邦的知名度。她多次透過媒體或當地電視臺接受訪問，每一次都以無可挑剔的德語，鉅細靡遺的說明她的計畫。

這位物流管理專家，當年在杜伊斯堡大學（Duisburg University）研讀的正是後勤管理，從二〇〇六年開始居住在北萊茵邦以來，一直對此地抱持著很大的野心。二〇一三年，她在這裡創立星海國際有限公司（Starhai），二〇一九年中啟動一項二・六億歐元的專案，預計建設一個大型商業區，占地相當於九個足球場的大小，將可容納約兩百家中小企業，主要來自中國，預估未來能提供兩千個工作機會。內部設有研究中心、新創企業促進發展中心、共同工作空間、擁有數百間客房的旅館，全場中心還有一座美麗的中國式庭園。這位年輕的企業家深具信心，認為座落在萊茵河西岸的這項專案肯定會成功。

幾百公尺不遠處，便是杜伊斯堡港的大型工業區，全球最大的內陸港和歐洲最大的陸路物流中心。杜伊斯堡在萊茵河和魯爾河的交匯處，連接鹿特丹、澤布呂赫（Zeebrugge）和安特衛普（Anvers）港口。

這座城市位於數條高速公路的交叉口，附近有科隆和杜塞道夫（Düsseldorf）機場，但近年來，鐵路改變地區結構。到達這裡的火車有八〇％來自中國，這裡成為中國貨物抵達歐盟國家的第一個停靠站。每週約三十個班次的貨物列車在此停靠，每個班次裝載上百個貨櫃的衣服、玩具、電子或資訊產品。

中國運三個貨櫃來，只運一個回去

二〇一四年，中國國家主席習近平到德國正式訪問時，選擇將杜伊斯堡港口納入計畫，加速杜伊斯堡的發展。二〇一九年中，在杜伊斯堡註冊成立的中國公司，數量增加一倍，總計約有百餘家之多。

自一九八二年以來，這座德國城市就與另一個重要陸地港口城市——武漢，締結成姊妹市。杜伊斯堡大學內設有孔子學院，孔子學院相當於法國文化協會的法語中心[29]。**杜伊斯堡大學每年有越來越多的中國學生，到了二〇一九年已超過兩千名中國學生。德國學生從小就學習中文，並利用學校交流，提高學習效果。**

武漢位於上海以東約八百公里，從三十年前，工業開始迅速發展，在此期間的杜伊斯堡逐漸衰退。煤炭和鋼鐵曾經讓當地繁榮數個世紀，但近幾十年，當地工廠一間間關閉。許多廢棄工廠的機器設備和冶煉爐賣給中國人，主要運往武漢。一九八七年，數千名克虜伯（Krupp）鋼鐵工人大規模示威遊行，抗議工廠關閉，那些影像在多數德國人的腦海裡記憶猶深。**杜伊斯堡市在二十年內已失去近三萬五千個工作機會。**

發展成連結各種交通的樞紐，已在某種程度上遏制情況惡化。自一九九八年以來，杜伊斯堡的工作機會已從一萬九千個增加到超過五萬個，但這個工業城市的就業情況仍不樂觀。

德國二〇一九年的平均失業率約三%，而杜伊斯堡的失業率仍達一一%。

因此，每一列到達杜伊斯堡的火車，不論來自武漢、重慶或是中國的其他地方，對當地人來說都是一個希望。然而，這幅德中友誼的美麗圖畫有好有壞。**從中國到杜伊斯堡每三個滿載的貨櫃中，只有一個貨櫃是載回中國。**裡面裝載的是蘇格蘭威士忌、法國葡萄酒、義大利紡織品等，但最常見的商品是奶粉，因為從十幾年前，中國爆發奶製品汙染事件以來，奶粉一直是中國人需求最高的食物類商品。

等到有一天，中國鐵路列車將每一個貨櫃裝滿歐盟的產品，並載回中國，特別是德國汽車，那才是杜伊斯堡真正的成功。

29 請參閱第二十四章。

第十一章

踢不贏你就買你，法國足球隊的新中國老闆——

法國里昂，上午6點

里昂
Lyon

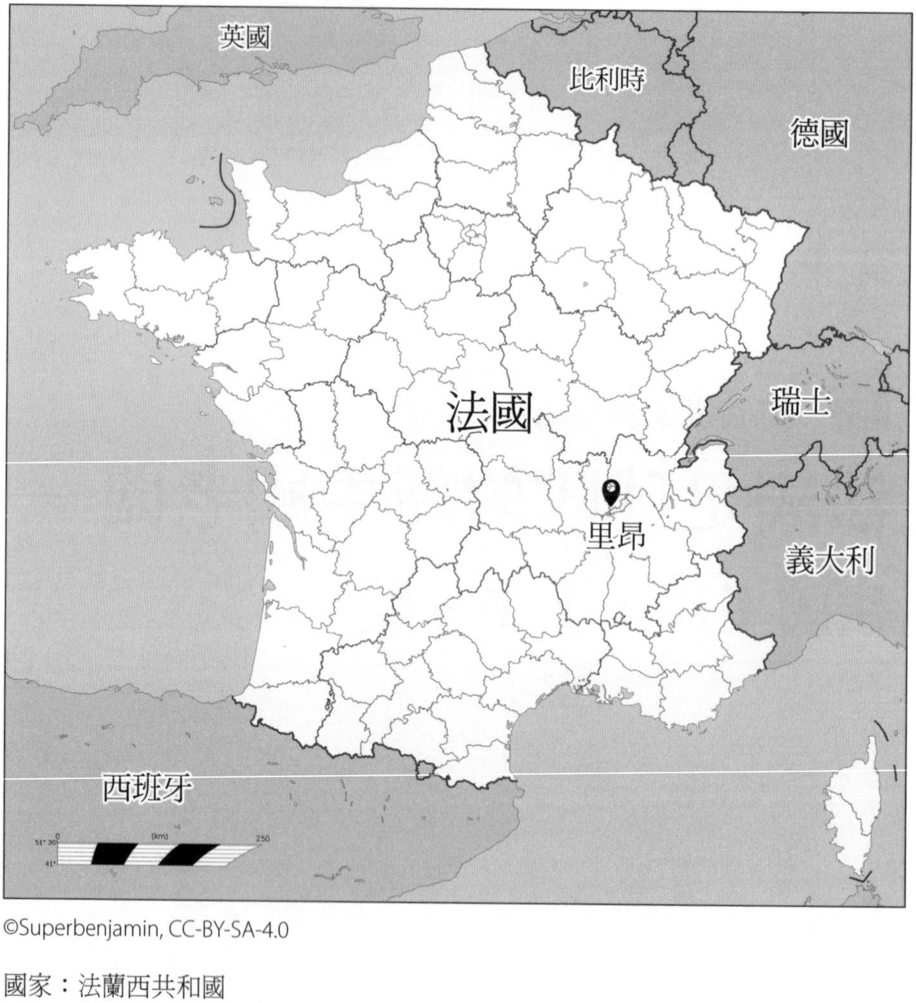

國家：法蘭西共和國
人口：65,569,000 人（截至 2019 年）
面積：643,801 平方公里
密度：116 人／平方公里

約五十位中國觀眾安靜的坐在安盟體育場（Groupama Stadium）看臺上，聚精會神的看比賽。二〇一九年二月十九日，這行人遠赴里昂觀看著名的歐洲聯賽冠軍盃，奧林匹克里昂（Olympique Lyonnais）對戰巴塞隆納足球俱樂部（FC Barcelone）。自從充滿活力的奧林匹克里昂足球俱樂部主席尚・米歇爾・奧拉斯（Jean-Michel Aulas），與一家北京投資基金締結協議，法國隊開始擁有一群中國支持者。

二〇一六年八月，這家名為「IDG資本」（IDG Capital Partners）的投資基金公司，以一億歐元收購法國足球俱樂部二〇%的股份。兩名高階主管將IDG資本引薦給奧林匹克里昂的董事會。

新股東IDG資本充分參與俱樂部的發展，對球員的培訓很有興趣，不僅參與球員選拔，還讓中國的一名男球員和一名女球員加入一級球隊。二〇一九年初，三名中國球員加入位在隆河（Rhodanien）的俱樂部訓練中心。如果其中一位未來晉升為明星球員，中國將會有上億的足球迷為之瘋狂。奧林匹克里昂甚至從二〇一七年七月就成立中國球迷俱樂部，IDG資本和奧林匹克里昂正在考慮讓中國球迷組團，到安盟體育場現場觀賽。

奧拉斯滿懷希望，積極將法國足球明星隊推廣到國外。在他眼裡，中國是理想的國家。據其所述，足球俱樂部與國際合作，一年可成長二〇%，而中國是他的首選。他坦言：**「如果有一天，我們要加入外國的足球俱樂部，那將會是中國。」**

奧林匹克里昂集團與ＩＤＧ資本在北京成立一家合資企業，名為「北京里昂興緻體育文化有限公司」（Beijing Lyon Xingzhi Sports Culture）。其中，中國人占五五％的多數股，這使得中國可以利用奧林匹克里昂的專業知識，包括在體育場館管理、培訓中心，甚至目前市場上蓬勃發展的女子足球等各方面。

習近平將足球列為重要活動，中國立馬掀起足球熱

中國目前在國際足球總會（ＦＩＦＡ）世界排名落後[30]，習近平主席已下令將足球列為國家重要活動，也立下目標要舉辦世界盃，並拿下冠軍……有何不可呢？

屆時，中國在二〇二〇年將有五千萬名足球員，二〇三〇年躋身亞洲排名最佳國家之一，並在二〇五〇年超越世界其他國家。

一位中國億萬富翁遵照其國家領導的指示和ＩＤＧ資金的例子，也開始投資法國足球。二〇一六年十月，歐塞爾青年俱樂部（AJ Auxerre）來了一位新老闆周雲傑（Zhou Yunjie），又稱詹姆士・周（James Zhou），是奧瑞金包裝股份有限公司（ORG Packaging）的創辦人。

奧瑞金是一家大型包裝廠，主要生產中國地區紅牛和可口可樂的易開罐。周雲傑決定拿

出自己一部分財產，估計超過十億美元，推動足球、曲棍球、擊劍三項運動在中國普及化。這位前曲棍球運動員花了數千萬美元，邀請美國國家曲棍球聯盟在中國舉辦比賽，還出資成立一支擊劍隊。

此外，他還下定決心要提振中國足球隊。兩年來，這位企業家已在歐塞爾青年俱樂部，注入超過三千五百萬歐元。歐塞爾俱樂部在二〇一九年仍處於落後狀態，在法國足球乙級聯賽（Ligue 2）排名墊後，使球隊進到甲級聯賽是周雲傑的目標，甚至要奪得聯賽冠軍。但短期內，他最關注的是培訓中心，該中心是由傳奇教練居伊・魯（Guy Roux）一手打造，以技巧非凡而享譽世界的足球訓練學校，該校教學嚴謹、注重團隊，並鍛鍊競爭和吃苦的堅強意志力。

居伊・魯深諳利用有限的資源打進冠軍的方法，周雲傑則希望從這些方法學到如何訓練中國球員和教練。因此，他計畫在三個中國大城市設立歐塞爾足球學院（AJ Auxerre Academies），第一座已於二〇一八年五月，在上海西北方、擁有四百萬居民的蚌埠市成立。

中國人本著務實的傳統，透過觀察學習。奧林匹克里昂就是其靈感來源。奧林匹克里昂

---

30 中國男足排名第七十一位，女足排名第十六位（二〇一九年七月）。

俱樂部已經為北京、成都、上海和深圳的球隊培訓。主席奧拉斯表示：「我們開始與中國大型企業發展在地合作夥伴關係。」奧林匹克里昂俱樂部與中國電競巨頭——廣州ＥＤＧ電子競技俱樂部（Edward Gaming，簡稱ＥＤＧ），聯手開發足球電競，二〇一七年三月，成為世界上第一家在中國跨媒體製作推出電競的足球俱樂部。二〇一七年首屆的中國金球獎，更拿下年度最佳足球電競俱樂部獎。

奧拉斯的團隊從上海到成都各大都市所發展的足球模式，很可能預告歐洲人未來幾年的體育消費模式。這個法國團隊憑著旺盛的企圖心，正著手研發一套擴增實境（ＡＲ）系統，讓觀眾將來可以在家遠距離觀看正在進行的比賽，就像親臨現場一樣，並收到其發送的廣告和訊息。

對於發展體育事業，中國與美國大不相同，中國看重的是廣告模式和贊助，並且對足球完全不感興趣。或者像卡達斥資數百億美元，支持巴黎聖日耳曼足球俱樂部（ＰＳＧ）和巴塞隆納足球俱樂部，並主辦二〇二二年的世界盃足球賽。**中國的足球事業是在共產黨高層的指導下做規畫，混合經驗學習與戰略夥伴，再以炫目的新科技為輔。**

第十二章

把國民觀光當籌碼，要不鼓勵要不懲罰——

法國東北城市科爾馬，上午6點

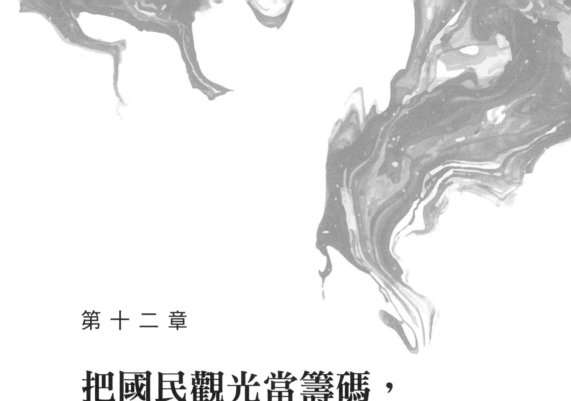

科爾馬
Colmar

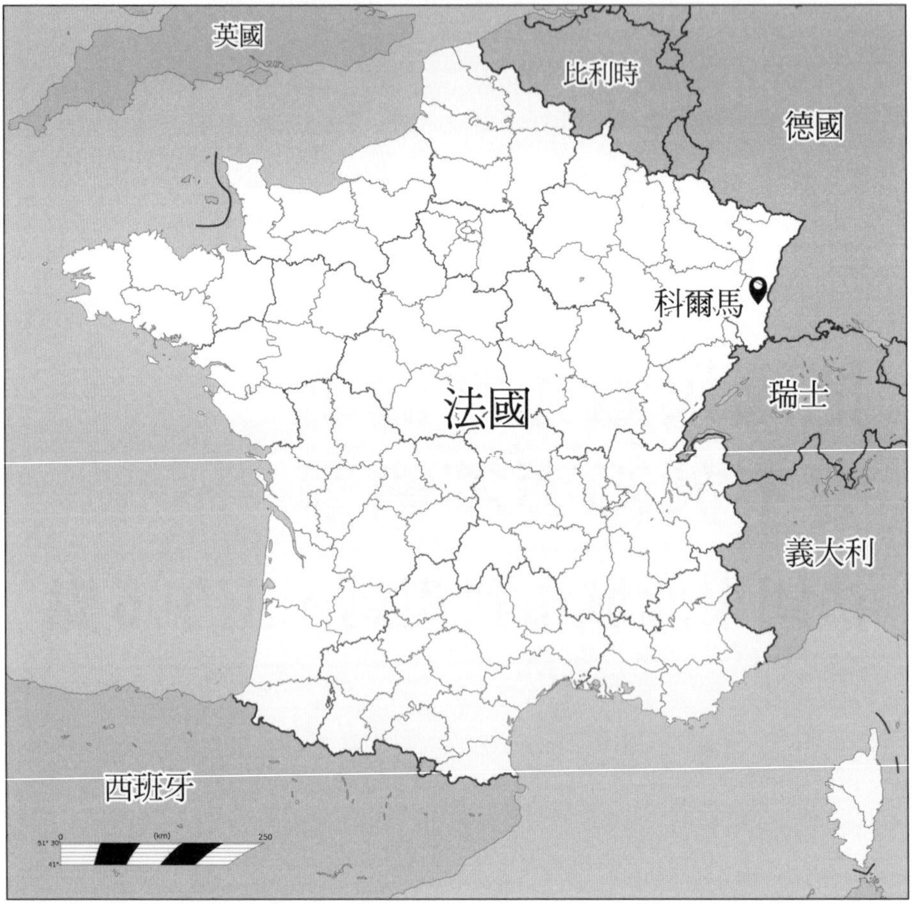

國家：法蘭西共和國
人口：65,569,000 人（截至 2019 年）
面積：643,801 平方公里
密度：116 人／平方公里

在科爾馬（Colmar）的小威尼斯區（la Petite Venise），幾乎已經找不到《中餐廳》曾經來此拍攝的痕跡。在名為「洗衣婦餐館」（Bistrot des Lavandieres）的菜單上，薑汁豬肉片已換成醋汁科爾馬大蔥，北京烤鴨已被德國酸菜配豬腳香腸取代，飲料是阿爾薩斯氣泡酒而不是綠茶。只有牆上幾張照片提醒顧客，二〇一八年春季末，這個典型的鄉村餐館變成亞洲明星經營的《中餐廳》。

當時參與湖南衛視美食文化真人秀《中餐廳》第二季拍攝的，是中國片酬優厚的知名明星，包括趙薇、舒淇、蘇有朋、王俊凱和白舉綱。他們在這個位於上萊茵省的小城鎮待了三週，對著鏡頭在廚房裡準備餐點、招呼客人、上街採買。整個六月，科爾馬變得熱鬧非凡，因為除了迎接這些明星，還有其拍攝團隊（超過一百三十個人）以及許多中國的觀光客和追星族。

這個中文版的《頂級大廚》（*Top Chef*）總共有十二集，於二〇一八年七月至十月播出。節目播出後大受歡迎，網路觀看次數高達二十二億人次。

科爾馬旅遊局更是喜出望外，因為這個小城鎮從來沒有想過能藉由一個節目，就可以獲得如此驚人的宣傳效果。科爾馬旅遊局發言人奧利維亞・戈比利雅德・史瑞克（Olivia Gobilliard-Schreck）說：「一開始，我們並不在候選名單內。但當製作小組在二〇一七年十二月到法國勘察拍攝地點，想要來我們這裡參觀時，我們表示非常歡迎。」接著，和代表見面，中國駐史特拉斯堡領事館予以支持，發現美食……當然，還有「洗衣婦餐館」，它完美座落於石塊鋪成的迷人廣場，周圍環繞半木結構的房屋。再加上科爾馬的地理位置靠近瑞士和德國，兩個國家都深受中國人喜愛。

最後《中餐廳》製作小組完全被說服，決定將拍攝地點選在這個道地的阿爾薩斯城鎮，距離《中餐廳》第一季在泰國象島（Koh Chang）拍攝，時間間隔一年。

觀光客成中國外交籌碼

由於《中餐廳》的宣傳效果，科爾馬鴻運當頭。二〇一九年前八個月，科爾馬的中國觀光客暴增五七％。節目播出後更是氣勢如虹。奧利維亞表示：「我們看到大批中國觀光客來這邊玩，特別是在聖誕節假期。一些年輕的中國觀光客，對我們這個地區和城市的文化遺產很感興趣。」專做中國遊客的旅行社，看到這個阿爾薩斯省的城鎮，躍升為中國人到法國最常觀光的地點第二名（僅次於巴黎），當地的商家也努力適應新的觀光人潮。

除此之外，他們還接受特別訓練，以便更了解中國人的喜好和習慣，餐廳的菜單也有放上中文翻譯。一九八〇年至二〇〇〇年出生的世代，擁有良好的消費力，社交網路活躍，可以單純為了滿足好奇心到當地採訪，而不是為了購物、旅遊，因此千禧世代成為當地旅遊業鎖定的目標族群。

然而，科爾馬並不是唯一因為中國節目而竄紅的觀光景點。二〇一八年秋初，在波爾多花費兩個月拍攝的《鱷魚與牙籤鳥》，是一部總共二十集的中國電視連續劇。陳柏霖與張天愛在劇中飾演兩名在波爾多大學相遇的中國學生，最後相愛的故事。當時的市長阿蘭．居貝（Alain Juppe）盡一切所能讓拍攝過程順利，期望該劇（亦為湖南衛視）能帶來觀光效益，該劇已在二〇一九年秋季播出。

另外，離波爾多不遠的庇里牛斯山，也有一位中國明星在二〇一九年春季，利用在法國停留期間，在那拍攝一部迷你真人實境秀《張哲翰的法國騎跡之旅》。這位年輕演員在自己的中國社群網路發布後，有七百萬人追蹤他的相片和行程。

從法國科爾馬的小威尼斯區、波爾多地區聖埃米利永（Saint-Emilion），到加瓦爾涅冰鬥（Cirque de Gavarnie），這些高知名度的中國明星把法國背景營造得特別浪漫，然後以電視或社群網站傳播給數億人觀看。對法國而言，要在中國宣傳它們的文化，沒有比旅遊更適合的方法，而且魔力持續不減。

儘管中國出國旅遊的人數不斷增加，從二〇一三年的一億人，增加到二〇一八年的一億四千八百萬人，**法國仍然是中國人在亞洲之外的首選旅遊目的地**。二〇一八年，有兩百二十萬中國觀光客到法國，消費總額達四十億歐元。意識到影片對外國遊客的強大宣傳效力，法國當局在二〇一九年採取多項新措施，以利外國人在法國拍攝電影和電視節目。

但是，這筆意外之財也可能因為一點小事就泡湯，像瑞典就是在二〇一八年秋季，當地人因為和中國遊客發生口角，演變成兩國的外交危機。

事情發生在斯德哥爾摩的一家旅館，中國旅客想要住宿，但沒有事先預訂房間，所以旅館無法讓他入住，引起旅客不滿，在旅館內大肆吵鬧，最後被警察趕出去。

瑞典電視臺其中一個節目，把事發當時錄下的影片播出，並用諷刺的言詞敘述這件事，立即引發中國社群媒體圍剿，呼籲抵制 H&M 和 IKEA 等瑞典品牌。事件發生前，兩國的外交關係已經相當緊繃，如今緊張局勢加劇，北京要求道歉，並呼籲人民避免前往瑞典。這對於多年來仰賴中國觀光客增長（二〇一七年為十五萬人）的瑞典而言，打擊特別嚴重。更重要的是，這顯示**中國以國民旅遊實力作為武器，打算根據當時的外交氣氛，決定拿來鼓勵或是懲罰他國**。

第十三章

不喝酒的馬雲，有六座葡萄酒莊——

法國波爾多左岸的波亞克，上午6點

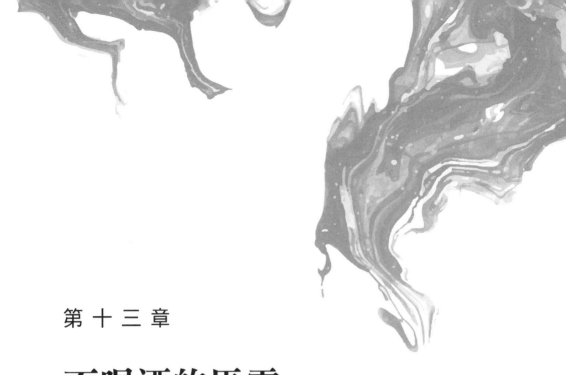

波亞克
Pauillac

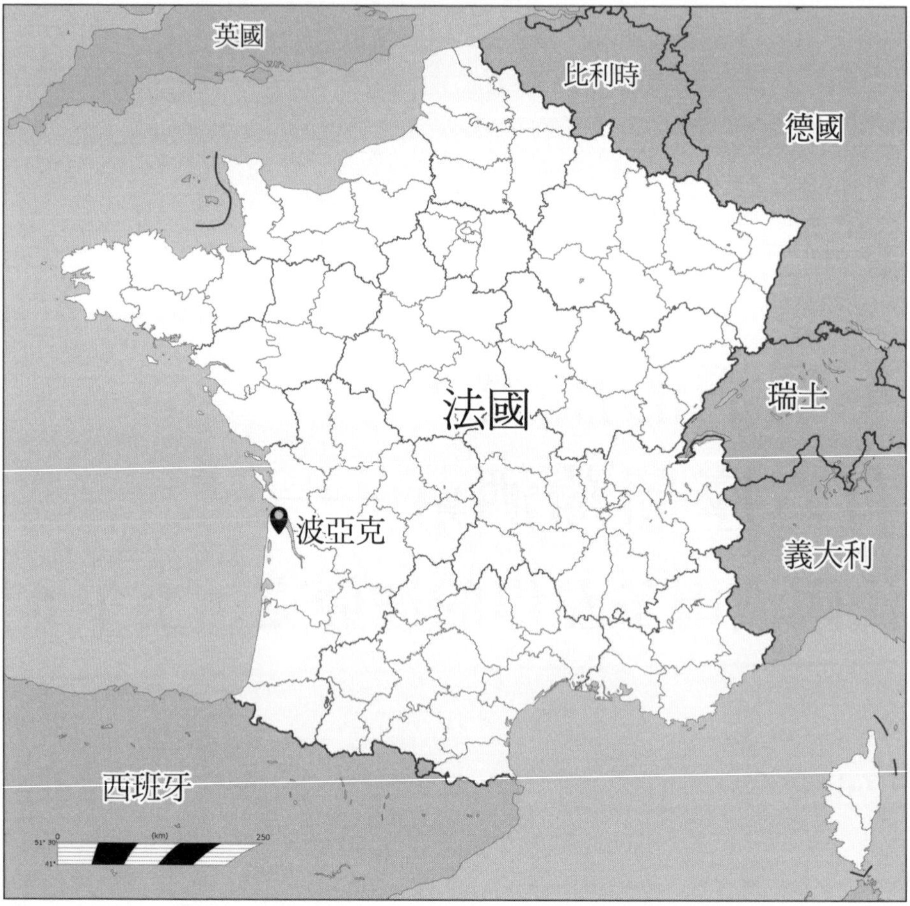

國家：法蘭西共和國
人口：65,569,000 人（截至 2019 年）
面積：643,801 平方公里
密度：116 人／平方公里

每年的葡萄酒節通常都有來自世界各地的葡萄酒名貴雲集。二〇一八年五月十六日在法國波爾多左岸的波亞克，有個浪琴慕沙堡酒莊（le château Lynch-Moussas），舉行的二〇一九年度葡萄酒節也不例外，大約有一千六百位貴賓乘坐豪華轎車，身穿正式禮服出席。

當晚，外交官員、釀酒師、酒商、酒莊莊主和政治人物，人人手捧一杯聖朱利安紅酒（saint-julien）或蘇玳（sauternes，有「白酒之王」的美稱），在草坪上漫步閒聊。

眼前的每一樣物品都經過精心布置，餐點是由米其林星級大廚馬克·海伯林（Marc Haeberlin）設計，有龍蝦、朗德省（Landes）農場的家禽、科羅米爾斯起司（coulommiers）佐以松露奶油、水蜜桃蘇玳蛋奶，也有煙火表演。這場活動早在幾週前就緊鑼密鼓籌備，還有八十名侍酒師隨時為賓客提供高級的葡萄酒，大家很快就忘記，波爾多葡萄酒展覽會在同一天冷清的閉幕了。

宴會主人菲利普·卡斯特亞（Philippe Casteja），也就是浪琴慕沙堡酒莊的主人，邀請大家一同慶祝其家族收購浪琴慕沙堡酒莊一百週年，並向大家宣布一位神祕嘉賓——馬雲，當馬雲站上舞臺時，全場報以熱烈掌聲。

這位阿里巴巴創始人，是全球富豪排行榜第二十二名（《富比世》在二〇一九年公布，其財產價值約三百八十五億美元）。他在臺上顯得非常自在，因為四年來，他經常出席波爾多各項與葡萄酒有關的活動。

身穿西裝、打著領帶的馬雲，從一位英文老師和中國共產黨員[31]，到今天的商業巨頭，他坦言自己其實很少會這樣打扮。

馬雲在波爾多地區擁有好幾座酒莊，他也透過麥克風向現場嘉賓表示，自己非常喜愛波爾多葡萄酒莊。這位五十四歲的企業領導人向大家說：「你們釀造的不是葡萄酒，而是幸福。」他接著說：「喝太多劣酒，會傷肝；喝太多好酒，會傷腦；但若不喝酒，會傷心。」

那天晚上，在波亞克莊園的會場，馬雲博得滿堂彩，也贏得波爾多人的心。在充滿巴塔葉堡（Batailley）、浪琴慕沙堡、侯伯王堡（Haut-Brion）或伊更堡（Yquem）葡萄酒的杯觥交錯中，大家笑著、喝著，並慶祝中法友誼。

波爾多居民有充分的理由欣賞中國人，因為這幾年來，中國人已成為最大的外國客戶。在二〇一八年，中國進口五千八百萬瓶波爾多葡萄酒，雖然數量比上個年度微幅下滑，但足以證明中國客戶在波爾多的重要性，這表示波爾多的葡萄酒，有十分之一是由中國人買單的。**中國已成為波爾多葡萄酒的第一大出口國**。

這十幾年來，中國人感興趣的不只是葡萄酒。他們還將眼光投向酒莊，而且已經收購多處。根據中國事務專家勞倫斯．勒梅爾（Laurence Lemaire），於二〇一九年七月的統計，**有一百五十四個波爾多酒莊，是由中國投資者持有**[32]**，約占該區葡萄酒莊園的三%**。還有人會談到過去發生的一件意外事故，那是在二〇一三年十二月二十日，四十六歲的大河酒莊

（Chateau de La Riviere）新主人郝琳，帶兒子前往酒莊參加他的三千萬歐元投資慶祝會，與酒莊前東家共乘直升機前往，結果直升機失事。

其中，也有因涉嫌詐欺而遭到法國司法單位調查的案件。法國打擊金融犯罪中心（OCRGDF），在二〇一八年七月查封海昌集團收購的十個酒莊，該集團在利布爾納（le Libournais）產區有二十四座酒莊。

大量中資收購酒莊，引起法國人不滿

在這些亞洲新莊主之中，有一位中國企業家很喜歡為收購的酒莊改名，引發熱烈討論。他是法國 World Harvest Far East 集團老闆唐志強，在二〇一三年至二〇一八年間收購四家酒莊，並立即重新命名——生產聖埃美隆（Saint-Emilion）高級葡萄酒的聖彼得鐘樓酒莊（le Tour Saint Pierre）更名為金兔酒莊；生產波美侯（Pomerol）的貝萊爾園酒莊（Château Clos

31 中國日報二〇一八年十一月二十六日透露，馬雲自一九八〇年代初期以來，一直是中國共產黨員。

32 參閱《葡萄酒、紅色、中國——波爾多葡萄酒和中國人》（*Le Vin, le Rouge, la Chine. Le vin de Bordeaux et les Chinois*），勞倫斯．勒梅爾（Laurence Lemaire）著，Sirene production Edition 出版，二〇一九年，第十三版。

Bel Air）更名為金羚羊酒莊；瑟尼拉克酒莊（Chateau Senilhac）改為藏羚羊酒莊；拉爾托酒莊（Château Larteau）改為御兔莊園。

這些新名字能夠引起中國人共鳴，帶動中國銷量。但是當這些名字出現在瓶子的標籤上，以及法國歷史建築的牆上，反而讓當地人感到焦慮不安，特別是出生於波爾多的作家菲利浦．所來爾思（Philippe Sollers）。他在二〇一九年二月寫一封信跟市長阿蘭．居貝抱怨：「我對這些動物的生活並不好奇，小時候在波爾多也沒看過什麼『御兔』、『藏羚羊』，連個影子都沒有。難道沒有辦法讓這些酒改回合法的產地標籤，就像幾百年一直以來都是的樣子嗎？反正，這件事讓我很錯愕。」[33]

要說這些改名事件引起波爾多人不安，其實就當地傳統，經常也是換新莊主，就可能隨著他們的要求改變標籤名稱。無論是英國、美國或日本人，波爾多地區一直很歡迎外國投資客。只是對於來自中國的投資客，大家的感受比較強烈。

自從十年前中國人大量湧入，確實幫助某些後代子孫無意繼承的法國酒莊找到出路，同時也加速財富的轉移。而當地的釀酒師、專業顧問和其他葡萄酒專家，也有機會和新東家簽下酬勞豐厚的工作合約。但中國投資者對於莊園管理不善，缺乏維護保養、待員工苛刻或任由酒莊荒廢等流言層出不窮。

一位法國銀行家說：「中資首次收購是在二〇一一年，由半國營的食品集團——中糧集團，收購位於拉蘭・德・波美侯（Lalande-de-Pomerol）的維奧酒莊（Châteaude Viaud）。」這宗由中國官方出手的投資案，對於中國其他投資者來說，代表投資酒莊的可行性。

然而，投資動機各有不同，有些人是因為葡萄酒標籤而買一份夢想，另一些人則認為這是把資金從中國轉移到海外的一種方式，而企業家則希望利用他們的波爾多酒莊征服中國餐桌，每瓶以十倍、二十倍或更高的價格在中國銷售。在這些動機下，很少有人成功達成，理由很簡單：他們生產的都不是高級的葡萄酒，大部分收購的酒莊只生產品質普通的葡萄酒，其中多數都沒沒無聞。**中國投資者不願投入巨額資金購買頂級的波爾多葡萄酒莊，他們只願意收購比較便宜的酒莊**，價格平均落在五十萬至三、四百萬歐元之間。

十年後，幾位財力雄厚的中國億萬富翁在了解情況後，中資收購法國酒莊邁入新階段。同時，北京當局也極力制止可疑的海外投資，必須是有利於中國國家聲譽或收益的業務才准予投資。

馬雲就是新一波的富豪投資者之一。早在二〇一六年二月，收購波爾多的薩爾斯酒莊（Château de Sours）之前，他已經在新亞奎丹大區（Nouvelle-Aquitaine）擁有六座酒莊。聽

33 法國西南報（Sud-Ouest）二〇一九年二月五日報導《波爾多：作家菲利普・所來爾思寫信給市長阿蘭・居貝抱怨中國酒莊名稱》。

說這位先生並不是特別喜愛葡萄酒，他的前同事說：「馬雲他不喝酒的。」但馬雲很喜歡波爾多這個地方，每年都要搭他的私人專機飛去那三、四趟。這位同事接著說：「到了薩爾斯酒莊，他最喜歡套上靴子去莊園裡的林間走走，或是到由石灰岩構成的地下酒窖看看。」

與其說是葡萄酒的魅力，不如說是地方風情更吸引馬雲。薩爾斯酒莊位在波爾多以東約三十公里，宏偉的十八世紀建築很快獲得這位中國老闆的青睞。葡萄種植在波爾多兩河之間（Entre-deux-Mers）的聖屈昂坦德巴龍小鎮（Saint-Quentin-de-Baron），面積超過兩百公頃的丘陵地帶。來到這裡有回歸大自然的感覺。

這位中國企業家總是在搭機的旅途中，不斷思索新事物，想著如何整頓自己的莊園：種植一片薰衣草田、挖一座池塘、蓋新的酒窖、修復建築物……馬雲在他的薩爾斯酒莊投資數千萬歐元，希望能在短期內把它改造成葡萄酒觀光景點。

馬雲和他的好朋友趙薇，在二〇一六年十二月，買下位於波美侯的慕利內酒莊（Château Moulinet）。趙薇本來就對葡萄酒很有研究。他們還和幾個中國朋友共同在波爾多成立一家名為翊百（Cellar Privilege）的葡萄酒貿易公司，以確保經銷到中國的管道暢通，因為他們了解，要在葡萄酒市場立足，必須攻占中國市場。

兩千年前，波爾多人就是因為從事葡萄酒貿易，控制葡萄酒市場，然後開始自行生產。哲學家凱瑟琳．拉雷（Catherine Larrere）[34]曾說：「在羅馬統治時期，波爾多人從義大利進口葡萄酒，再賣到英國，直到西元一世紀，他們才開始種植葡萄。」

馬雲瞄準兩項目標：生產自己的葡萄酒、在中國市場上銷售，尤其是透過阿里巴巴及天貓購物網。在中國已經是電商龍頭的天貓，根據其研究顯示，有四千八百萬的消費者，平均每年至少購買兩次葡萄酒，而且數字可望迅速增長。

在生產方面，這位中國商人理解，若想在波爾多葡萄酒界出頭，自己這一小片莊園肯定不足。比起他，好友趙薇的投資更是大幅超前，她在二〇一一年收購夢洛酒莊（Châteaude Monlot）。此後，這位四十二歲的女士與丈夫共同努力，投資的葡萄酒等級已提高到聖埃美隆一級葡萄酒。

在二〇一九年三月買下羅氏家族的十字酒莊（Château La Croix de Roche）後，趙薇已擁有四家波爾多酒莊。當四月六日夢洛酒莊全面整修完成，趙薇舉辦慶祝宴會，聖埃美隆市長和多位葡萄酒界名人都蒞臨會場。值得一提的是歌手史汀（Sting）也現身，那天晚上最令賓客開心的時刻，就是這位前警察合唱團（The Police）主唱拿出吉他，哼唱符合情境的《瓶中信》（*Message in the Bottle*）。

34《十八世紀》雜誌一九九七年第二十九期，尚・巴特（Jean Bart）和伊麗莎白・瓦爾（ElisabethWahl）共同編輯，當期主題——葡萄酒，第一〇三至一一六頁，《波爾多、葡萄酒和英國人：貿易還是熱情？》，凱瑟琳・拉雷撰。

法國的保守主義，讓馬雲兩次收購酒莊都失敗

馬雲夢想著收購生產特級葡萄酒的酒莊，打入高端市場。他的前同事解釋：「馬雲在商業圈致富後，也設法像其他投資者一樣提升自己。還有什麼比酒莊更能彰顯尊貴的身分地位呢？一瓶帶有產地認證標籤和徽章的葡萄酒，無論在法國還是中國，都是出色的產品。」

這位中國企業家至少有兩次機會差點實現他的目標。第一次是勃艮第（Bourgogne）的葡萄園，二〇一七年他原本想收購大德園酒莊（Clos de Tart），是一個聲譽極高的小莊園，最終被法國商人弗朗索瓦・皮諾（François Pinault）買下。然而，有傳言指稱，馬雲比那位法國億萬富翁商人出價更高，並談妥這筆交易（約兩億兩千萬歐元），但可能會遭到法國政府干預，將這座位於尼伊丘產區（côte de Nuits）年產僅兩萬五千瓶[35]，且列級為勃艮第第一級的葡萄園，保留在法國人的手中……看來法國的保護主義有時也隱藏在葡萄園！

同樣情況也發生在二〇一八年底，馬雲參與法國教育保險公司（MAIF）欲出售的杜札克酒莊（Château Dauzac）競價。據聞，儘管馬雲的報價很有競爭力，但再次落選，因為法國教育保險公司的董事會，在最後一刻還是選擇謹慎行事，只好放棄這位外國買主。

杜札克酒莊在波爾多的馬爾戈（Margaux）產區，列級為波爾多的第五級酒莊，占地一百二十公頃，最終以一億三千萬歐元賣給法國雷恩市（Rennes）的一位企業家。從此，馬

雲的名字一直在波爾多持續流傳。二〇一九年五月十六日，他出現在波亞克的葡萄酒花節，宣稱自己多麼鍾情於波爾多的葡萄園，再度引起多方猜測。

還有傳言說，他對肯德布朗酒莊（Cantenac Brown）感興趣。該酒莊也在波爾多的馬爾戈產區，列為波爾多第三級酒莊，連同其都鐸王朝時期的英國文藝復興酒莊，將以兩億歐元出售。其實這只是炒作市場的謠言。一位負責葡萄園酒莊投資業務的銀行家預測：「無論如何，之後可能連看到這些中國投資者捧著金條來收購，都很理所當然。」

在波爾多葡萄酒的小圈子裡，葡萄酒莊主俱樂部其實相當保守，甚至有人開始擔心中國人介入。一位葡萄酒商承認：「為了確保珍貴的資產不落入中國人手中，的確存在直接或間接的保護主義。」相反的，其他葡萄酒專家則樂見中國投資者參與，認為這是增加銷量和提高價格的好方法。

一位葡萄酒代理商說：「他們知道葡萄園不會自己飛走。無論新莊主發生什麼事，這些葡萄園永遠會留在波爾多！」不管落入法國人還是中國人手中，這裡的酒莊也不可能憑空消失。而波爾多葡萄酒的專業技術，顯然迎合中國人口味。二〇一九年，中國人在最佳品酒俱

35 請參閱二〇一八年五月十七日，法國葡萄酒評論（Revue du Vin de France），《弗朗索瓦・皮諾如何取代中國的馬雲，買下勃艮第的大德園》，丹尼斯・薩維羅（Denis Saverot）撰。

樂部首次超越歐洲和美國人，這並非偶然。經過十多年的研究和努力，拉菲酒莊（Château Lafite）在中國製造的首款葡萄酒（葡萄園位於山東省瓏岱酒莊），瓶身標示「瓏岱／Long Dai」的字樣，於二〇一九年九月在中國上市，每瓶售價一千一百人民幣，即一百四十二歐元，也不是巧合。就葡萄酒來說，中國對波爾多傳統文化的衝擊才正要開始。

第十四章

中國遙遙領先的鈷礦爭奪戰——

剛果最大鈷礦區坦肯芬古魯米，上午5點

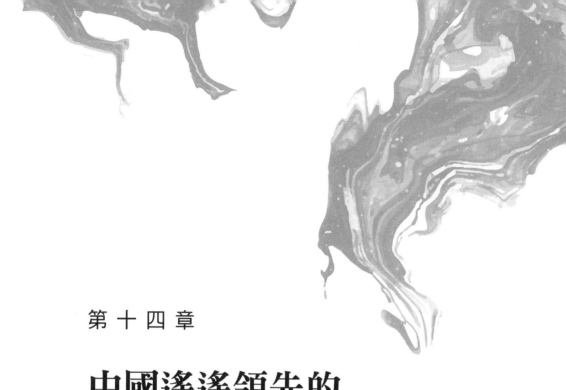

剛果民主共和國
DR Congo

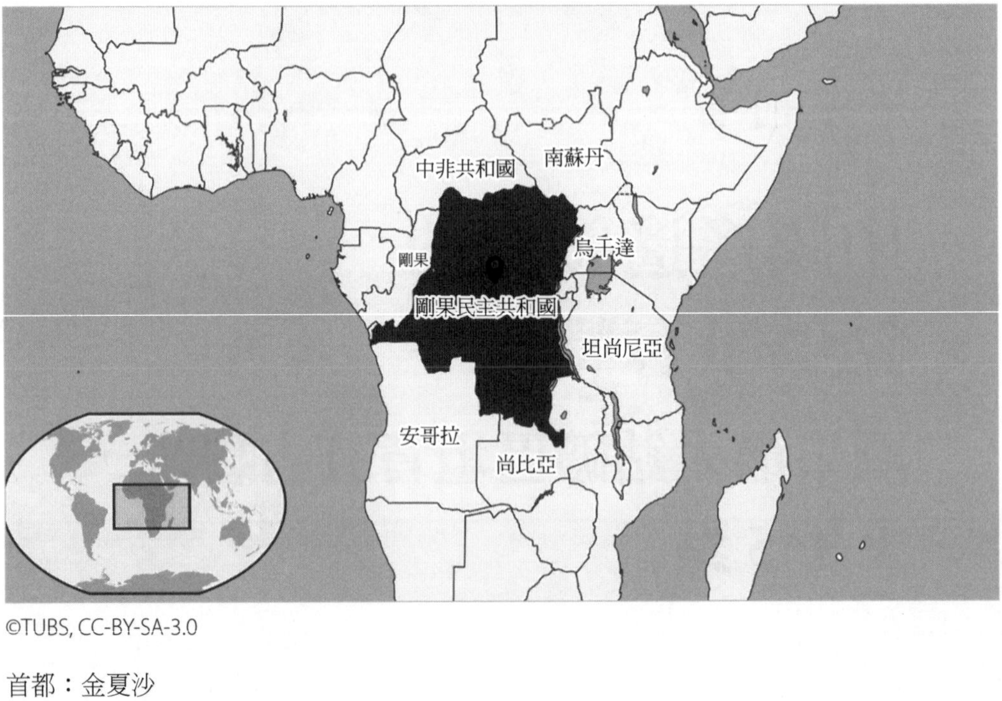

首都：金夏沙
人口：87,521,000 人（截至 2019 年）
面積：2,345,409 平方公里
密度：34.83 人／平方公里

從空中俯瞰，這個區域是熱帶雨林中，閃著銀藍和粉紅色的大窟窿。它是林中一處廣闊空地上的露天礦場，深達百餘公尺，每年開採出二十一萬公噸的銅，以及一萬六千公噸的鈷。根據二〇一八年初估計，該區儲礦量超過八億三千萬公噸，也是目前為止發現的最大儲礦量之一。

第二個區域是在礦場以東三公里處，好幾棟建築物圍繞著一條加工原材料的長形輸送帶。礦區大大小小所加總的面積，與巴黎一樣大，許多重型卡車忙進忙出。整座坦肯芬古魯米礦區（Tenke Fungurume）大到令人畏懼。

這座剛果民主共和國最大的鈷礦區，位於南部的盧阿拉巴省（Lualaba），舊稱卡坦加省（Katanga），距離尚比亞邊界幾十公里遠。在此工作的人數超過三百四十人，其中有九五%的員工是剛果人。管理階層則是中國人，因為從二〇一六年開始，這座礦區換了新東家，美國和加拿大的老東家將它賣給中國鉬業。中國鉬業是一家礦業公司，設立於中國四大古都之一的洛陽，在中國的中心地帶，目前持有坦肯芬古魯米礦區八〇%的股份，在高科技發展方面，扮演不可或缺的角色。

因為鈷是製造可重複充電鋰離子電池的關鍵材料，鋰離子電池可為智慧型手機、筆記型電腦、平板電腦，甚至為電動汽車供電。如果沒有這項材料，三星、蘋果或雷諾（Renault）汽車公司的產品都難以發揮功能，但是這珍貴的資源，只有在地球上極少數的地方才找得到。馬達加斯加的新喀里多尼亞（Nouvelle-Calédonie）、加拿大或俄羅斯有少量儲存，而在剛果民主共和國境內的儲量相當龐大，其中有七〇%已被勘探、且可開採的鈷儲量。

自二十一世紀初以來，中資企業開始接掌該礦區。在二〇一九年初，中資企業已擁有剛果八個最大的鈷礦區，剛果高達九〇%的鈷礦產量都出口到中國。通常採集到的鈷礦會在現場先進行粗磨，並轉化為粗製氫氧化鈷，然後用卡車載到坦尚尼亞的三蘭港（Dar es Salaam）或南非的德爾班港（Durban）。一路上崎嶇不平，路程約兩、三千公里，卡車行駛需要兩到三天。接著，到達港口再裝載到開往中國的貨船上，抵達後運往中國多處精煉廠進行加工。由於大舉投資精煉廠設立，中國現在控制全球主要的鈷產能。這些工廠產出硫酸鈷，以供應電池正極材料。

從剛果民主共和國的礦產開採，到提供動力給新一代電動汽車的電池生產工廠，中國工業已經主導整個供應鏈，市場正在蓬勃發展。

根據彭博新能源財經（Bloomberg New Energy Finance）在二〇一九年第一季發布的研究報告顯示，全世界約有五百萬輛電動汽車在行駛。

北京訂定的短期目標極具野心，特別是對抗空汙，其肇因主要是汽車數量增多與大量排放廢氣，因此到二〇二〇年，有一二%在中國生產的汽車必須配備電動馬達。從長遠來看，增長不會減弱，反而會急遽上升。

目前汽車工業使用約一〇%的鈷產量，但未來將快速增加。根據彭博新能源財經分析師預測，到二〇四〇年，全球電動汽車將達到五億輛。

這段時間以來，鋰離子電池價格崩跌，上述電動車的普及化發展很可能實現。從二〇一〇年到二〇一八年期間，鋰離子電池價格持續下跌，特斯拉（Tesla）集團也因此急遽發展。

特斯拉集團是加州的電動汽車製造商，由相當具有話題性的南非裔企業家伊隆・馬斯克（Elon Musk）創立。更早之前，他因為參與創建貝寶（PayPal）致富。馬斯克為了滿足電動車的動力需求，並充分掌握電池的供應，於是展開特斯拉世界最大工廠（Gigafactory）計畫，在沙漠中蓋一座巨型電池工廠，分成數個樓層，可容納約五十萬平方公尺的工業設備。據設計團隊表示，這會是世界上最大的建築物，而且在能源方面，藉由覆蓋整個工廠表面的太陽能電池板，可以完全自給自足。

中國人遵循特斯拉的模式，在短短幾年內，數十個像這樣的大型工廠，在全中國如雨後春筍冒出來。結果，中國不僅能滿足自己汽車工業動力的需求，連美國、歐洲或日本電動車製造廠，都仰賴中國工廠的產能來供應電池。

中國在這項新興產業的爆炸式擴張，令所有人來不及反應。透過從頭到尾掌控鈷礦的供應和加工，中國要全世界都聽他的。由於大量生產，造成供應過剩的局面，並導致原材料價格急遽下跌。對於汽車製造商來說，這是好消息，因為電池成本會降低；對於消費者也是如此，因為電動車將以更優惠的價格出售。

但是，鈷價下跌（從二〇一八年底到二〇一九年中，從每公噸六萬美元跌至三萬美元）也讓中國得以趁勢把其他外國競爭者遠遠甩在後面，穩固其龍頭地位。因為鋰離子電池製造業屬於資金密集型行業，許多財務體質較弱的競爭對手因為龐大負債，已宣布放棄，就像坦肯芬古魯米礦區，小礦商難以生存的情況一樣。

想掌握非洲資源，也想鞏固政治勢力

除了瑞士的嘉能可公司（Glencore）和哈薩克的歐洲資源公司（European Resources），在剛果南部開採一座巨大礦區外，中國人在剛果四處遍布，如同在自家一樣，當地居民擔憂中國人會嚴重壓制剛果的經濟、環境和人道主義。

近期，金夏沙和北京當局之間在原料方面的合作，並無法讓中國放心。中國明顯在運用各種方法，以確保原料輸入中國，並在國際政治舞臺上獲得非洲國家的支持。

中國與剛果之間的合作，是在二〇〇七年約瑟夫・卡比拉（Joseph Kabila）執政時期奠立的基礎。當時兩國締結協議，出席會議參與協商者將它稱為「世紀大合約」。截至目前為止，該合約仍是中國與非洲國家所簽訂的最大型雙邊合約。它包括幾個部分，由中國輸出入銀行（Exim Bank）提供高達一百三十五億美元貸款，作為發展剛果採礦業之用，尤其是龐大的銅和鈷資源。幾家中國公司負責建設大型基礎設施，超過三千公里的道路和鐵路，以及興建醫院。

不到兩年，國際貨幣基金組織強烈質疑世紀大合約，認為這將促使這個前比利時殖民地陷入過多負債的困境。於是，北京和金夏沙當局重新修訂條款，但這個非洲國家無力償還債務。最後決議，將此合約轉變成實務交易——剛果民主共和國和中國合資成立華剛礦業（Sicomines），中國占三分之二股權，公司獲利用來償還貸款，直到合約到期。此外，中國在剛果獲得免除繳稅和課稅的待遇。

簽訂合約十二年後，剛果民主共和國的基礎設施運轉正常，公共財政狀況卻未見好轉，致使北京當局在二〇一九年四月，同意其延長債務償還期限。當時債務已達到該國國內生產總值的一一〇%以上。

後來發生的人道主義醜聞更加惡化該國經濟和金融。記者和非政府組織近幾年已對該國非法僱用童工採礦提出警告。大型企業開發的礦區邊緣有一些零星小礦區，確實存在以「手工」開採的情形。

二〇一八年十月，英國《衛報》（*The Guardian*）刊登一則詳盡的報導，由美國研究人口販賣的專家西德哈思．卡拉（Siddharth Kara）所發表。作者花費數週實地探訪，並在文中詳細介紹這些小型採礦區的運作模式。代稱「挖洞人」（creuseurs）的工人將挖到的鈷礦轉售給貿易商或仲介公司，這些公司通常由中國人控制，然後再賣給開發礦區的大型企業，像是開發坦肯芬古魯米礦區的大公司。最後將手工挖採和工業化開採的礦產混合，一併送至中國的精煉廠。

根據卡拉表示，這些手工礦場至少有二十五萬五千名「挖洞人」，其中三萬五千名是兒童，年紀最小的才六歲。北京和中國的礦業公司代表均未對此消息發表評論，但是在產業鏈上游的一些工業集團決定出面採取行動。例如汽車製造商福特與ＩＢＭ和韓國電池製造商ＬＧ合作，計畫建立一個區塊鏈（blockchain）平臺，以追蹤該品牌電動汽車所安裝的鋰離子電池，其使用的鈷礦在剛果的來源是否合乎人道。

令人驚訝的是，中國最大的鈷生產商「華友鈷業」，也同意參加這項計畫。

第 十 五 章

小米與阿里巴巴聯手，無紙化現金流——

英國倫敦的印度餐廳，凌晨 5 點

倫敦
London

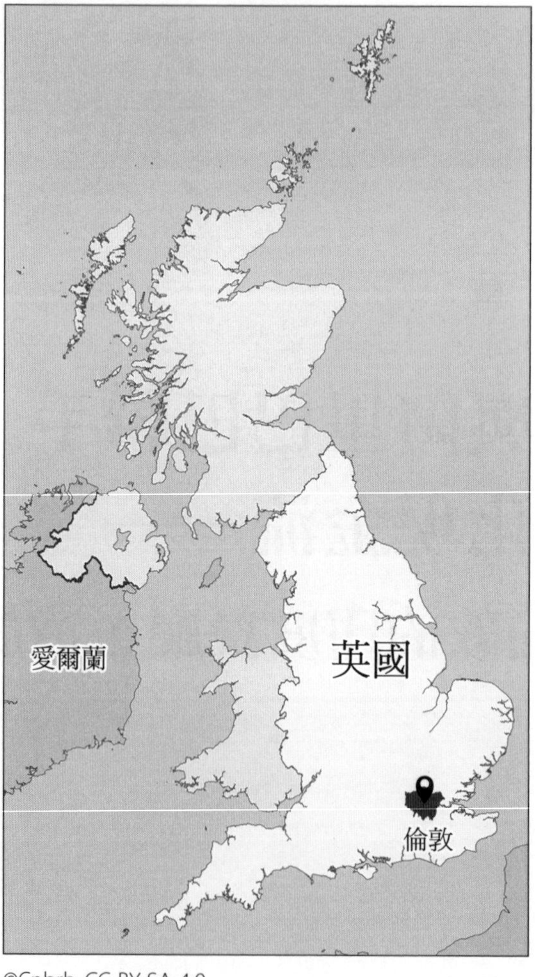

國家：大不列顛暨北愛爾蘭聯合王國
人口：66,366,000 人（截至 2019 年）
面積：243,610 平方公里
密度：267.3 人／平方公里

倫敦現在的熱門美食是納加薩格（Naga Saag）熱呼呼的印度薄餅、奶油咖哩或瑪薩拉（massalas）綜合香料雞。納加薩格是一家樸實小店，名列英國首都最好的印度餐廳之一，也是 Just Eat 的好客戶。Just Eat 是一家外送平臺，保證三十分鐘內送到府，所有外送員和餐館老闆都配備一個奇特的橙色終端機。

那個終端機看起來像一部智慧型手機，上面還裝有一卷紙可供列印。事實上，它是迷你收銀機，配備安卓（Android）操作系統，就和手機平臺一樣。這一點也不奇怪，因為**終端機的製造商「上海商米科技」，正是小米智慧型手機的股東，也是電子商務巨頭阿里巴巴的股東**。創業目標是：線上即時交易和無紙化支付。

法國專門銷售商業店面各項設備的領導廠商JDC，總裁米榭勒．哈畢（Michael Rabut）評論：「他們提供成功的設計和先進的技術，而且價格非常划算。」二〇一八年，其收銀機在歐洲上市時風靡一時。同年，其收銀設備及衍生產品售出一百萬臺，其中在中國就售出五十萬臺，包括收銀機、WiFi路由器、列印機等，所有店家需要的設備一應俱全。

迷你收銀機，將改變未來消費模式

商米（Sunmi）只花四年的時間便在小型商店和大賣場站穩腳步。二〇一六年初，這家上海公司擁有一百五十名員工，三年後的今天，這家公司的員工已近千名。在中國有兩千五百家的星巴克使用商米的裝置。

最初，商米的收銀機系統主要是用來滿足餐廳外送服務的需求，使商家的結帳系統能統一。但是，創始人漸漸發現應用範圍可以無限擴增，例如鮮花店、瓦斯配送、大型農場的牛隻計數……。

商米的發展歷史可以追溯到二〇一四年，當時創始人林喆曾想過使用安卓操作系統推出小型行動終端機，以滿足商家的新需求。一位法國相關領域的專家提醒：「開放原始碼（open source）解決方案的問題，在於任何人都可以進入使用，因此它可能成為駭客的目標，已經有一些旅行社和旅館遇過。」但它的最大優勢，是可以和全球數百萬名開發人員進行協作。

商米的歐洲負責人尼古拉．吉歐勒（Nicolas Guiol）指出：「我們已經在平臺上，開發超過三千個能滿足商家不同需求的應用程式。」吉歐勒從二〇一六年以來，便一直在創始人林喆身邊工作，他表示：「我們去過全球所有商家，現在大家都認識我們了。」

這家中國企業尚未在歐洲市場推出收銀機系列產品之前，已在非洲和中東迅速拓展業務，而且二〇一九年在複雜的政治和經濟背景下，在美國開設辦事處。收銀機市場的成本效益相當高，商米必須面對已在市場占有一席之地的惠普、IBM及東芝等重量級大廠。不過商米的目標在於開發支付終端設備，其中九〇%的市場由法國銀捷尼科（Ingenico）和美國惠爾訊（Verifone）主導。藉著不斷提升技術，**商米最新一代的智慧型收銀機已配備人臉辨識系統。中國的大型賣場或公共交通工具，已經可以使用人臉辨識取代密碼。**

首席設計師戴維・普羅特（David Protet）說：「許多在法國無法實現的，我們在中國可以輕易做到。」他們的設計團隊已考慮在該系列的某些設備中嵌入相機，為商家提供影像監控的解決方案。等到法國的法規允許人臉辨識和擴增實境的解決方案，這些方案才能安全的驗證客戶身分、付款，並對消費者的購買行為進行分析，以建議其他適合的服務和商品。倫敦的納加薩格只是數位革命的開端而已。

第十六章

獨木舟無力對抗非法拖網漁船——

迦納第三大港埃爾米納，凌晨4點

迦納共和國
Ghana

首都：阿克拉
人口：29,810,000 人（截至 2019 年）
面積：238,535 平方公里
密度：101.5 人／平方公里

在迦納首都阿克拉（Accra）以西一百五十公里處，看起來仍像殖民地的小漁港，正享受最後的寧靜時刻。再過一會，婦女們將朝碼頭蜂擁而至，在晨曦中歡迎數百艘塗著綠色、紅色和黃色的獨木舟，他們夜晚出海作業，在清晨歸來。

埃爾米納（Elmina）是迦納的第三大港口，從事的捕魚活動仍然依靠人工，這個地方過去曾經是幾內亞灣的歐洲貿易站，四分之三的收入仰賴漁獲。在這裡，魚是一切，在網裡、櫥子裡或碗裡，除了為三萬個當地居民提供主要收入來源，也是主要的動物蛋白質營養成分。每一次獨木舟出發前，大家都不忘祈禱和唱歌慶祝。七月第一個星期二是慶祝每年捕魚季開始的節日，埃爾米納會有一場盛大的遊行。

但是在二〇一八年七月的那場慶典上，漁民沒有慶祝的心情。酋長納納・科德沃・孔杜亞六世（Nana Kodwo Conduah VI）身穿白衣，頭上裝飾著尼楊亞（Nyanya）的葉子，那是一種魔法植物。酋長發表談話，懇求政府收回禁止捕魚的命令，最後漁民如願以償，但魚類存量仍繼續下降。科學家警告：「除非採取嚴厲措施保護漁業，否則迦納將面臨魚類存量耗盡的問題。」[36]

二〇一九年，政府別無選擇，只好宣布：停止捕魚活動一個月。這對於該國漁民的荷包

---

36 《科學家警告，迦納明年可能失去魚類資源，如果……》，myjoyonline.com，二〇一九年四月十日。

打擊相當嚴重，尤其是從最近十到十五年來，漁民收入已經減少將近四〇%[37]。

西非捕撈的漁獲，最終仍回到中國

什麼原因造成他們的不幸？中國拖網漁船不公平競爭，他們用拖網捕撈海底的魚，耗盡幾內亞灣的資源。理論上，法律禁止外國船隻在迦納水域投網。但根據環境正義基金會（Environmental Justice Foundation）報告，實際上，**在這個非洲小國領海內作業的工業拖網漁船中，近九〇%和中國有關。**

作弊的不只有中國人，還有歐洲人、摩洛哥人、土耳其人，甚至迦納自己的漁民也沒有嚴格遵守保護沙丁魚或鯖魚的規定。但就淺灘的魚類流失而言，中國船隻要負最大責任。

首先，捕魚船隻大量出現，中國公司（透過利用當地人頭）擁有約七十六艘在迦納註冊的工業拖網漁船，接著實行非法捕撈。許多小船在深夜進行所謂的「賽科」（saiko）捕魚，先由工業拖網漁船大肆捕撈，然後暗地裡將漁獲裡的小型魚類轉賣給駕著獨木舟的本地漁民。這完全是違法行為。據稱，迦納每年因此流失十萬公噸的魚群。此舉對採取人工捕魚的地區造成嚴重後果，當地居民用人工方式已經捕不到魚，迫於無奈，深夜裡偷偷摸摸在大海中和拖網漁船交易……。

由於拖網捕撈規模實在太大，迦納政府不得不做出回應。綠色和平組織的報告、科學家的警告以及見證這些非法行為的紀錄片，尤其是在二〇一八年，阿富汗裔的英國記者妮盧法．希達亞（Nelufar Hedayat）拍攝一段標題為「黑魚」（Zwarte Vis，比喻非法交易的漁獲）的紀錄片，漁業危機變成政治問題。

迦納是傳統漁業國，現在該國人所消費的魚，竟超過一半以上需要靠進口，二〇一八年就進口三十七萬公噸，這該如何解釋？中國人以不當手段控制魚類資源，是否剝奪當地人的部分收入？有一些船隻已被迦納警察逮捕並施予制裁。

在聯合國和大型國際組織的壓力下，中國當局向全球承諾會減少（一點）捕撈量，並承諾將協助打擊非法漁民：減少船隻的補助或撤銷捕魚執照。

最重要的是，**為了平息不滿情緒，中國對迦納的行徑，就像中國對其他國家一樣，總是承諾增加投資，藉此提升自己的重要性**。

二〇一八年九月，迦納領導人出席北京舉行的中非高峰會，結果帶著價值二十億美元的中國合約回到阿克拉。在短短的十七年中，兩國之間的貿易增長七十倍，達到每年七十億美元，在此期間，中國已晉升為迦納的第一大合作夥伴。面對如此慷慨的投資者，迦納也不好

---

37 倫敦非政府組織環境正義基金會報告，《確保公平和永續的漁業》，二〇一九年。

再挑剔什麼。

二〇一八年，北京承諾提供資金，在阿克拉設立一個新漁業綜合區，並參與建設，包括埃爾米納在內的十幾個沿海港口的現代化設施。這些舉動令人欣賞，但當地漁民的負擔並沒有稍減，也無法抵抗中國對非洲漁業的壓榨。而迦納並非唯一受到控制的非洲國家，塞內加爾、甘比亞、茅利塔尼亞或獅子山都是。

中國企業正擴大對海洋的控制，還投資工廠製造魚粉。近年來，中國已在西非沿岸設立數十個魚粉工廠，其目的是要出口魚粉到中國。因為中國水產養殖市場興盛，需求暢旺，但是這些加工廠需要消耗大量的沙丁魚——一公斤的魚粉，平均需要五公斤的沙丁魚，加工後運往中國。也就是說在西非捕撈的漁獲，有一些不再像過去成為當地居民的盤中食物，而是在當地市場轉一圈，最後到中國。

然而，專家已正式提出警告：「目前的過度捕撈，將造成海洋資源無法永續利用。」中國警世諺語說：「釣太大的魚，會撐破漁網。」在掛著空蕩蕩漁網的埃爾米納港口，大家寧願召喚海洋之神奈娜本雅（Nana Benya）祈求保護。這座昔日荷蘭東印度公司所在的古老城市，居民知道過去的種種苦難，以及曾經一度以販賣奴隸為生。但是他們從來沒有想過，有一天來自亞洲的船會帶走他們的魚……。

第十七章

下一場戰爭將是海底電纜之戰——南大西洋海底深處，凌晨3點

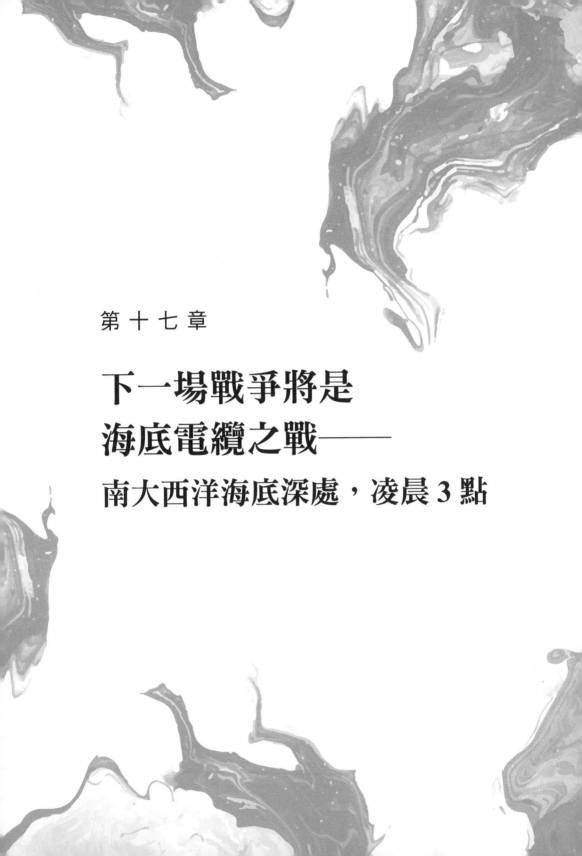

南大西洋
Atlantic Ocean

© CIA

面積：7,676.2 平方公里
平均深度：3,627 公尺

海底電纜鋪設於南大西洋的海底深處，直徑和澆花的水管差不多，但長度是世界上最長的電信電纜之一，全長約六千公里，也就是從巴西的福塔萊薩（Fortaleza）到喀麥隆的克里比（Kribi）之間的距離。

二〇一八年九月四日，這項海底光纜工程正式完成連接南美洲和非洲。其中所使用的光纖材料，大部分是法國耐克森集團（Nexans group）製造——這是唯一能讓法國人驕傲的。

這項計畫於二〇一六年啟動，創新之處在於其施作技術。橫跨大西洋的電纜，是由中國電信設備巨頭華為的子公司「華為海洋網絡有限公司」（Huawei Marine Networks）的電纜船鋪設。基礎設施則由中國聯通和喀麥隆國家電信公司（Camtel），合資成立的南大西洋國際海底光纜（South Atlantic Inter Link，簡稱SAIL）營運。

該洲際海纜正式啟用後，華為高層發布一段很長的新聞，並自豪的說：「SAIL海纜可讓金磚五國（BRICS）之間直接連接，南半球的巴西與南非互連，歐亞大陸的中國、俄羅斯和印度互連。這將加強通信需求的增長，並推動新興市場在網路通訊領域快速擴張。」

華為在海底電纜業很快就確立地位，其速度和效率就如同它最初進入電信設備市場，以及後來的智能手機市場。十年來，這個總部在深圳的集團，耐心的在全球所有海洋底部鋪設電纜。

二〇一九年初，SAIL專案無疑是其最具雄心的工程。迄今，華為已參與近百個海底電信電纜的安裝或維護工程，可謂技術卓越。這些海底電纜中目前約有三百八十條正在使用，全長一百二十萬公里，可繞地球約三十圈。

海纜的精確數量難以計算，因為會不斷波動，其使用壽命至少二十五年，但估計每年因各種事故破壞，包括漁船活動、地震，約有一百條會故障，有時可能需要幾個月才能修復。此外，每年還要補充新的光纖。光在二〇一八年，就啟動約二十個新專案計畫，超出過去二十年總和。

陸地戰告一段落，海底是下一個戰場

海底電纜是極具前景的行業，中國在此領域的地位日漸提升，引起西方國家的關注。美國對於5G（第五代行動通訊技術）基礎設施部署過程潛在的間諜風險，表示嚴重關切，美國政府已對海底網絡發出相同警告。現在全球九五%的語音和數據流量都通過海底電纜。

華盛頓當局有充分理由認為這些海底電纜攸關全球經濟正常運轉。美國新聞界持續扮演（英國）情報員詹姆士．龐德（James Bond）的角色。報導指出，據五角大廈可靠消息來源，中國潛艇在海底接上其中一條電纜，企圖接收所有通過的訊息。美國情報部門認為，以華為的技術能力，毫無疑問的，**中國軍方能夠收聽對話或獲取通過這些設施傳遞的敏感數據**。華為高層堅決否認這些指控，美國總統川普也從未回應這些指控。不過，**在二〇一八年，澳洲與索羅門群島之間的網路光纖電纜招標案，澳洲禁止華為參與競標。**

二〇一九年六月，華為終於宣布將出售其在華為海洋所持有的五一％股權，可能是為了結束這場抹黑行動。但是，這些海底電纜業務仍然由中國企業掌握，接手的新買家亨通光電集團（Hengtong Optic-Electric），是全球最大的電纜和光纖解決方案供應商之一。

這些對華為的間諜指控，以及在美國盟友包圍下，美中之間政治局勢再度緊張，背後隱藏著經濟現實。這是一場與時間的賽跑，以極高流量快速連接整個地球。一場似乎允許任何非法、不道德手段的競爭。然而，在現代數位應用爆炸式成長和「永遠連線」的模式下，海底電纜的部署需求暴增，在講求實效的前提下，要全面禁止中國企業集團參與必要的電信基礎設施是不可能的。

幾年來，海底光纜的最大消費者就是美國大型的網際網路企業。儘管數十年來，海底電纜網絡多由電信公司營運，但現在是由私人企業集團資助和部署，因為他們迫切需要網際網路頻寬和流量，以拓展業務。一些美國網路科技巨擘在幾年前還不存在，如今在市場上無所不在。微軟、谷歌、臉書或亞馬遜和全球一半以上的海纜部署有關。過去幾年間，這些私人企業集團已經投資興建連接南北美洲、歐洲和亞洲之間的海底光纜。

新一代的中國網際網路領導企業正面臨同樣的難題。騰訊集團的通訊軟體微信或電子商務巨頭阿里巴巴的支付寶，業務範圍除了中國以外，已拓展到四十個國家和地區。二〇一九年初，支付寶在海外已擁有超過三億用戶。其中一部分用戶在非洲和南美洲，連接的便是SAIL海纜。如同美國競爭對手亞馬遜一樣，阿里巴巴也開發利潤極佳的雲端數據存儲服務，且於二〇一九年初在全球已擁有約十五個數據中心，以滿足客戶以及中國和外國企業的需求。華為也發展類似策略，以便加速儲存和處理各大洲之間的數據流量。

北京不打算讓美國單獨決定電信網絡的未來配置。關於這點，中國已經透過中國信息通信研究院明確說明意向，該研究院是隸屬於工業和信息化部的智庫。在二〇一八年八月，針對中國國際光纜互連所發表的白皮書中，受人尊敬的前述研究院為中國工業設定相當明確的路線：從現在起十年或二十年內，要使中國成為世界上最重要的光纜通信中心之一。

由此可見，對於華為及其中國同業來說，連接福塔萊薩和克里比之間六千公里的光纜，只是一項測試而已。

第十八章

習近平的冰上新絲綢之路——

格陵蘭西南部漁村納薩克，凌晨 2 點

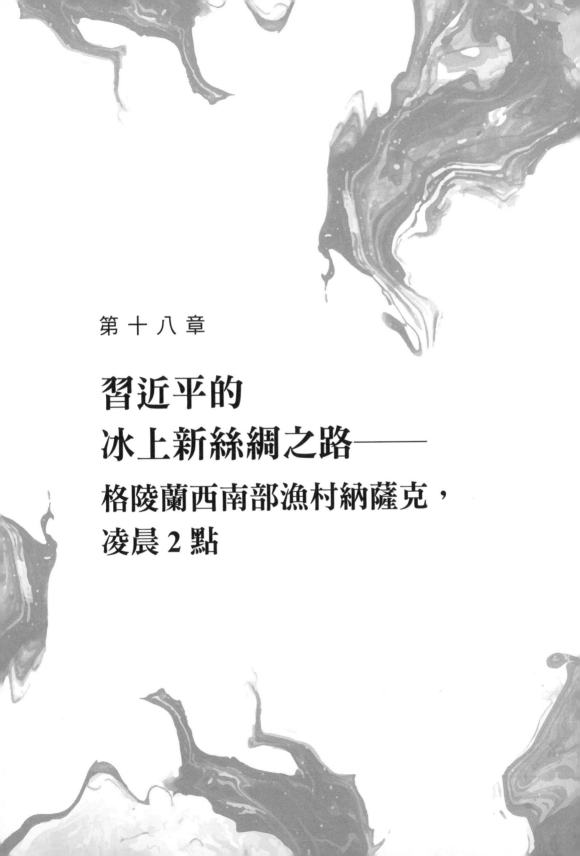

納薩克
Narsaq

自治政府：格陵蘭
人口：55,992 人（截至 2019 年）
面積：2,166,086 平方公里
密度：0.028 人／平方公里

納薩克是世界最大島格陵蘭西南部的漁村，地處兩個峽灣之間的一小塊平原，此刻正寧靜的沉睡著。遙遠的碎冰聲打斷寒夜的寂靜。

在後方，越過城市邊緣的牧羊場，俯瞰市景的群山輪廓映入眼簾。其中一座叫做克瓦納灣山（Mount Kvanefjeld），近年來它已成為納薩克漁村一千五百名居民的熱門話題。

自從幾年前，一家澳洲礦業公司在克瓦納灣山搭建營地以來，格陵蘭人發現那裡的岩層可能藏著極具經濟價值的寶藏。事實上，克瓦納灣山的稀土儲量是世界第二，鈾礦則是世界第五，豐富的儲量令各國的採礦集團垂涎不已，特別是中國，他們是最早的稀土製造商。

自二〇一三年以來，格陵蘭政府為尋找新財源，決定開放採礦。格陵蘭雖是屬於丹麥的省分，但自二〇〇九年格陵蘭自治法生效以來，一直生活在高度自治制度，渴望實現獨立。要實現此目標，這個總面積是法國的四倍，但人口只有五萬九千人的北極島嶼，務必另闢財源，才能取代哥本哈根每年支付的五億歐元，占格陵蘭年度預算的三分之一。

除了漁業外，格陵蘭還有兩項財源：旅遊業和自然資源。雖然近年極地旅遊盛行，吸引越來越多遊客，而礦物資源因冰原融化變得更易於開採，但仍然很少開發，主因是投資成本高昂，且平均要耗時數年才能開始營利。

二〇一八年，格陵蘭的新執政聯盟宣示支持採礦。事實上，早在二〇一三年，格陵蘭議會已廢除自一九八〇年代以來，對開採鈾礦的「零容忍」政策。此舉等於向外國投資者明確釋放訊號，因為該政策的廢除，是開採克瓦納灣鈾礦和稀土元素的必要條件。

澳洲財團格林蘭礦業有限公司（GML）取得克瓦納灣礦區的開採許可，二〇一六年決定進行開採，並為此引進中國的盛和資源入股。這位新成員熟稔稀土業務。**盛和資源在全球已擁有好幾座礦山，包括二〇一七年收購的加州帕斯（Mountain Pass）礦山**。

盛和資源為上市公司，**大股東是成都的一個研究機構，該機構由中國國土資源部控制**，換句話說，**盛和資源間接受到中國國土資源部控制**。中國政府相當鼓勵國內企業到國外尋找新資源，位於四川省的盛和資源，投注在克瓦納灣礦床的開發項目，完全符合北京當局的期望。而盛和資源的工程師，可為格陵蘭當地帶來專業知識和技術。自此，雖然取得採礦許可的是澳洲公司，但一架又一架的直升機，載著各種採礦設備飛到納薩克。中國人在峽灣之間的平原登陸，不僅格陵蘭人，連丹麥人也很納悶。但，故事才正要開始。

通往北極圈的最佳入口——格陵蘭

另一件令人詫異的事件發生在二〇一九年一月，盛和資源與中國核工業集團的子公司簽署協議，由該子公司收購克瓦納灣礦區的所有稀土產品。這是中國加強壟斷世界稀土的手段，確保足量供應中國的數位經濟（平板顯示器），以及綠能科技產業（風力發動機、電動汽車等）的關鍵原料。

鄧小平在一九九〇年代初期就已經表示：「中東有石油，中國有稀土。」但是，中國不再滿足於國內生產，進而搜刮世界各地礦產。有了克瓦納灣礦床，中國可以額外掌握大量稀土。據格林蘭礦業公司稱，該礦床一旦開始投產（計畫於二〇二一年），預計每年產量達三萬兩千公噸，將近中國國內產量的三分之一。

該開採計畫估計耗資超過八億美元，但這並不是中國唯一感興趣的項目。還有另一個項目是格陵蘭島北部，由澳洲鐵皮公司（Ironbark）取得開採許可的希特倫峽灣（Citronen Fjord）鋅礦，中國國營事業「中國有色礦業集團」子公司，為加入開採該區鋅礦，已和澳洲鐵皮公司簽署備忘錄。

理論上，這種合作很常見，也是中國的礦業集團在全球慣用的手法。但是，如果在格陵蘭島的首府努克（Nuuk）張開雙臂歡迎中國投資者，哥本哈根方面一定會出現反對聲浪，譴責中國企圖擴張勢力。尤其是在荒涼的希特倫峽灣礦區，地理位置與英格公主（Princesse Ingeborg）半島北部的丹麥軍事及科學基地相距不遠。最重要的是，它位於格陵蘭島的北端，距離北極僅八百公里，中國人一直期望在格陵蘭島建立科學站是眾所周知的事。

那麼，假設有一天澳洲鐵皮公司的這位中國合作夥伴，利用希特倫峽灣礦區的地理優勢，安裝雷達和監視設備，那會發生什麼事？

因為中國對格陵蘭的興趣，不單純是為了地上碎石和埋在地下的寶藏。幾年來，中國外交政策一直對當地高層示好，就如同對待冰島，中國將格陵蘭視為通往北極圈的理想入口。

北京和格陵蘭之間的部長級訪問和代表團交流日益頻繁。二〇一二年六月，中國國家主席胡錦濤前往墨西哥的洛斯卡沃斯（Los Cabos）參加 G 20高峰會，途中在丹麥停留——這是中國國家元首首次訪問北極地區。

二〇一三年的春天，中國成為北極理事會（The Arctic Council）的觀察員國，該會成員是鄰近北極地區的強國[38]，這讓北京有新理由來增強其說服力。

中國影響力無遠弗屆。二〇一三年七月，位於中國東北方的小鎮敖麓谷雅主辦第五屆國際馴鹿養殖者大會，許多鄰近北極地區的代表齊聚一堂。儘管北京與北極之間相距六千多公里，而且中國只有三十餘位馴鹿養殖者（屬鄂溫克族），中國還是能想辦法沾上邊，積極向北方的朋友展現軟實力。不到一個月後，中國遠洋運輸集團租用貨輪，首次穿越俄羅斯北部的東北航道，抵達歐洲。這條捷徑與傳統的蘇伊士運河航道相較，可節省三分之一的航行時間，為未來北極航道開闢美好前景。

北京終於在二〇一八年一月明白宣示其進軍北極的雄心壯志，並提出北極政策白皮書。習近平的冰上新絲綢之路，計畫在冰山和浮冰之間穿越北極。其內文主張：「具體合作包括與北極國家協議發展策略。」

在格陵蘭看來，該白皮書無異於開放中國對北極的一切計畫，採礦不過是其中一項而已。這份以白紙黑字寫下的政策，未來會產生的影響，引起格陵蘭鄰國的關切。哥本哈根、布魯塞爾以及華盛頓當局，都開始懷疑北京的真正動機。

拒絕中國插手，引起島上冷戰

二〇一六年的格倫內達爾（Grønnedal）海軍基地收購事件，打破格陵蘭與中國之間看似平和的關係。位於香港的中國礦業公司「俊安集團」，有意購買該廢棄基地，它位於格陵蘭島南部的格倫內達爾，一個居民僅六十人的小村莊。

美國在第二次世界大戰期間建造該基地，一九五一年移交給丹麥政府，二〇一四年停止運作，並公開出售。但俊安集團出價購買，卻被丹麥政府以國防安全考量為由拒絕。丹麥必須遵守當年與美國達成的格陵蘭島防禦協定，一旦美國前海軍基地落在中國人手中，該如何向美國解釋？丹麥國會堅決反對這筆交易，二〇一六年十二月，丹麥國防部宣布該基地將重新啟用，並朝「戰略和物流」用途規畫。這個轉折出乎意料，很難想像在六個月前，丹麥國

38 加拿大、丹麥、芬蘭、冰島、挪威、俄羅斯、瑞典和美國。

防部的一份正式文件裡，差點將格倫內達爾的名字放在中國的版圖內[39]。

更嚴重的還在後頭。格陵蘭和中國的關係，因為格陵蘭島上三座機場的現代化工程，而蒙上陰影。

格陵蘭因八〇%的面積被冰雪覆蓋，所以空中運輸是往返城市間的唯一途徑。為了鼓勵發展空中交通網，政府計畫三個機場進行現代化改造，分別位於該島的第一大城努克、第二大城伊盧利薩特（Ilulissat）和第四大城卡科爾托克（Qaqortoq）。

格陵蘭總理金・基爾森（Kim Kielsen）應中國駐哥本哈根大使館邀請，於二〇一七年十一月前往北京進行為期兩週的訪問。訪問期間，他會見幾家中國建築公司的代表和幾位政府官員。

中國的說服功力很快奏效。二〇一八年三月，中國交通建設公司從入圍的五名競標者脫穎而出，成功取得四億兩千萬美元的機場標案。華盛頓為此相當緊張，丹麥怎麼能將機場現代化工程委託給一家中國公司呢？這很可能會威脅到格陵蘭西北部圖勒市（Thule）美國空軍基地的安全。再者，該機場現代化工程費用占格陵蘭國內生產總值四分之一以上，若格陵蘭政府無法償還，後果會如何？格陵蘭島這麼做不就是在鋪紅地毯歡迎中國嗎？

各種猜想頓時引發激烈辯論，五角大廈最終介入，丹麥國防部長克勞斯・赫特・弗雷德里克森（Clauss Hjort Frederiksen），二〇一八年五月前往華盛頓會見美國國防部長馬提斯

（Mattis）將軍。面對美國的反對，丹麥必須出手制止中國。幾天後，丹麥國防部長在哥本哈根辦公室向記者說明：「當然，我們歡迎與中國進行商業合作，但是我們會留意這些合作設施是否另有目的，以致衍生一些問題，這是我們所擔心的。」[40]

為此，格陵蘭和丹麥雙方商討解決方案，經過幾個月討論，格陵蘭在二〇一八年秋季獲得新解決方案。三座機場中，丹麥承諾資助其中兩座的現代化工程，謹慎拒絕中國人加入。二〇一九年六月，中國交通建設公司高層宣布，將退出格陵蘭兩座機場的投標案。究竟是結局還是暫時的結果？這形成格陵蘭島上的冷戰。

然而，美國人對中國人的猜忌並不是出於偶然。中國從來沒有停止深入格陵蘭，而且手法有時候令人匪夷所思。就在二〇一七年五月三十日，在康克魯斯瓦格鎮（Kangerlussuaq）舉行一場荒謬的慶祝儀式，事隔幾個月後才被公開。

這天，中國代表團與兩位格陵蘭研究人員，共同慶祝未來將安裝衛星數據接收站。代表

---

39 參閱《中國、格陵蘭與北極之爭》（*China, Greenland and Competition for the Arctic*），諾丁漢大學亞洲研究院，Jichang Lulu 撰，二〇一七年一月二日。

40 《美國國防新聞週刊》（*Defense News*）專訪：《中國建設機場可能會對格陵蘭島上的美國重要空軍基地造成風險》，Aaron Mehta 編輯，二〇一八年九月七日。

團的成員有遊客、科學家和軍人，科學家們還拿著紅色布條拍照留念。當天晚上，代表團搭直升機離開，前往搭乘中國人租用的遊輪。

慶祝活動的相片立即在一些中國社群網路瘋傳。只是，該慶祝儀式是中國片面的宣傳，格陵蘭和丹麥政府皆一無所知。

該代表團裡有中國衛星導航系統北斗二號的專家，以及前南海指揮官陳岩將軍，種種跡象令人懷疑。試想，倘若中國和格陵蘭合作的北極圈科學研究也是別有居心呢？

再回到克瓦納灣的礦床上，格林蘭礦業公司的技術人員穿著紅黃相間的外套在工作。這家澳洲公司的負責人沒有理由抱怨與盛和資源的合作，畢竟中國在稀土領域的專有技術，讓他們至少節省一億五千萬美元的採礦成本。眼下，克瓦納灣的礦場雖尚未正式營運，未來的利益仍令人期待。

第十九章

大草原上不能見光的太空基地——

阿根廷內烏肯省，凌晨1點

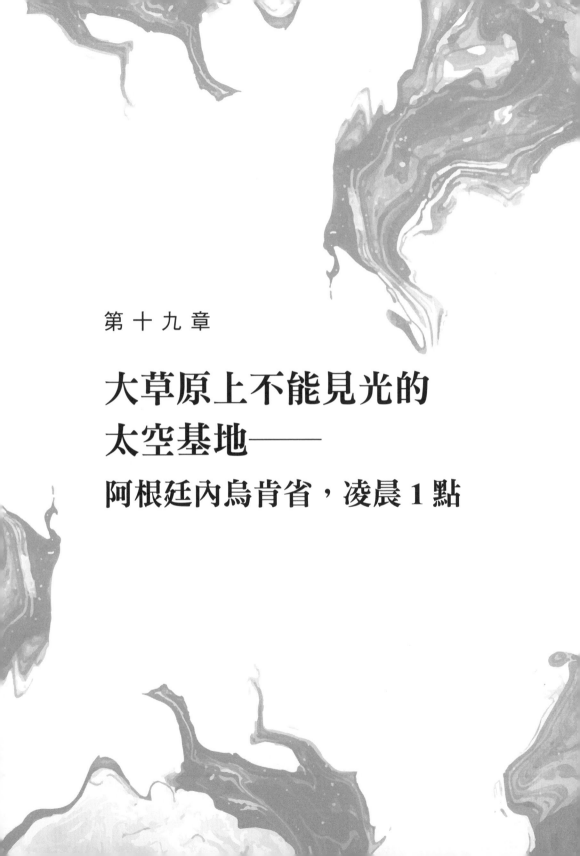

阿根廷共和國
Argentina

首都：布宜諾斯艾利斯
人口：45,035,000 人（截至 2019 年）
面積：2,780,400 平方公里
密度：14.4 人／平方公里

一望無際的巴塔哥尼亞（Patagonie）草原，綿延至地平線那端的智利和安第斯山脈。白天酷熱高溫，晚上卻會降到零度。一條長長的柏油路，像是永無止境的直線在中間穿越，盡頭的拉斯拉哈斯（Las Lajas）城鎮，忽然竄起一座高聳的太空基地，有如沙漠中的海市蜃樓。

對北京當局而言，拉斯拉哈斯基地具有非常重要的戰略意義。沒有它，中國就不可能在二〇一九年一月二日，讓嫦娥四號探測器在月球背面成功著陸。無論如何，中國媒體是這麼說的。

該基地占地約兩百公頃，位於阿根廷內烏肯省（Neuquen）西部的巴塔哥尼亞。**中國在二〇一五年初，獲得阿根廷國會同意建設和研發該太空基地**，其大型結構工程早在二〇一三年夏季就動工。高約兩公尺半的刺絲網圍籬保護基地周圍，裡面有十幾座建築物，還有一個直徑三十五公尺的巨大天線。**三十餘位中國專家在現場工作，他們從不跟一般人打交道，對於建設基地的真正目的，永遠是不能說的祕密。**

距離該基地約三十多公里的拉斯拉哈斯小城內謠言四起，據一名路透社記者說，基地內可能在進行祕密任務，有人甚至謠傳，中國利用該基地組裝核彈。該記者在二〇一九年初實地走訪，但未獲准入內採訪。

不怕起步慢，太空競賽屢創新紀錄

中國與布宜諾斯艾利斯當局簽訂協議時，中國明確表示該基地成立宗旨：出於和平目的進行太空觀測與探索。甚至打算設立參觀中心開放民眾參觀，讓每個人都可以藉此了解外太空的奧祕。

參觀中心大部分工程已於二〇一七年初完成，此後現場工作人員清一色為中國人，無任何他國人士。二〇一八年四月，參觀中心開始運作，卻僅限特定團體預約參觀，這令阿根廷人民和官員感到不安。地方政府頓時意識到，該項太空計畫是由人民解放軍監督執行的軍事計畫。最重要的是，雖然擬定協議時，言明該太空基地僅作為民間及和平用途，但沒有規定任何監督機制。

該基地引發的爭議日益加劇，美國強烈懷疑中國軍方利用該基地監視衛星活動，並蒐集情報。華盛頓當局指控北京企圖利用軍事控制太空。直到現在，西方國家仍與俄羅斯和印度共同合作探索太空。他們認為，中國對太空領域的野心永無止境，其作為令人不安。

當西方國家削減太空發展預算之際，中國正在加速擴張。美國認為中國利用阿根廷當年腐敗的政府簽下該協議，並公開譴責這項醜聞。

但是，在巴塔哥尼亞建造中國太空基地並不能算是什麼醜聞。歐洲太空總署（ＥＳＡ）

於二〇一三年初在阿根廷就已建立太空基地，其位置在中國基地以北七百公里處。基地內有一座直徑三十五公尺的巨大衛星天線，確保全面覆蓋天空，以完成太空任務。歐洲太空總署與阿根廷當局簽訂的協議，實際上和中國很相似。這兩份協議都取得五十年的租約，且都議定阿根廷擁有一〇%的天線使用權。

這兩份協議最大的區別在於簽約機構的性質，一個是屬於民間機構的歐洲太空總署，而另一個是屬於軍方機構的中國國家航天局（CNSA），該機構完全受政府控制，而征服太空正是中國政府的首要目標之一。

根據北京當局的計畫，設立的目標是二〇三〇年建造一個新的太空站，以及一個可供人類居住的月球基地，同時計畫在二〇二八年左右，發射探測器到火星。

中國在太空發展的領域進展迅速。當然，所有中國官方都會提醒你，中國於一二三二年發射第一枚火箭，當時中國軍隊使用火箭來發射矛和箭，對抗蒙古人。先不論其愛國主義作祟，實際上，中國進入太空競賽的起步時間很晚。

其第一次國家太空計畫是在一九五〇年代後期，與前蘇聯密切合作下進行。但在一九九〇年代初期以前，沒有任何重大任務，也沒有表現出政治意願。直到後來，長征系列火箭不斷提高效率和可靠性，對中國太空計畫的發展產生重要作用。中國只花不到十年的時間，便成功發射第一艘載人的太空船。二〇〇三年十月十五日，原中國人民解放軍的空軍飛行員楊利偉中校登上神舟五號，正式成為中國第一位太空人。

全球太空爭霸的下一個里程碑將是征服月球。中國國家航天局在二〇一九年初，將第一輛月球車登陸月球背面，進行幾項探索項目。

二〇〇七年發射嫦娥一號，執行任務為期十六個月，主要是全面繪製月球圖像，進而分析月球表面和其組成成分。繼嫦娥四號後，在未來幾年內，中國還必須執行另外三個任務，才能開始建造月球基地。為了實現這項新探索，專案負責人計畫使用能在無重力環境下運作的新一代 3D 列印機。這些機器成功發明後，將供給太空基地建設、維護的零件，以及其日常生活必需品。

新的太空基地計畫也在進行——取代現有太空基地，並監視國際太空基地——該計畫將全面加速推動，最早可望於二〇二五年完成。

在此期間，中國不斷創造紀錄。二〇一八年，中國的太空火箭發射次數，首度領先競爭對手美國和俄羅斯。在全球一百三十次太空火箭發射中，中國占三十七次，而且腳步絲毫沒有減緩。

二〇一九年，中國航天局計畫發射三十架長征系列的火箭，並搭載約五十種不同物體到太空中。看來，即便將來巴塔哥尼亞大草原的基地不存在，這支中國航空工程師團隊也不會失業。

第二十章

為了搶資源，中國的慷慨沒有上限——

委內瑞拉首都卡拉卡斯，午夜 12 點

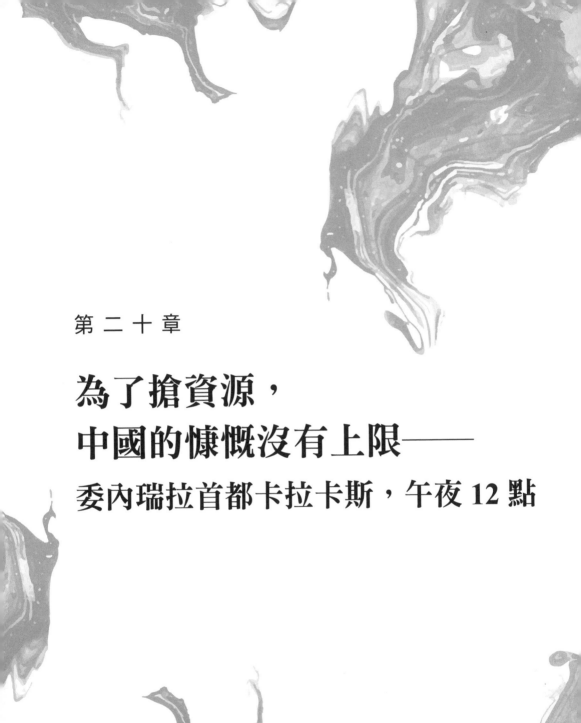

卡拉卡斯
Caracas

國家：委內瑞拉玻利瓦共和國
人口：28,887,118 人（截至 2018 年）
面積：916,445 平方公里
密度：33.74 人／平方公里

二〇一八年九月二十二日深夜，距離委內瑞拉首都幾公里的拉瓜伊拉港（La Guaira）終於恢復平靜。當天稍早，和平方舟號抵達港口。這艘醫療船長達一百八十公尺，配備三百張床位，二十個加護病房和八個手術室，是目前世界上最大的醫療船。現場響起當地傳統音樂和軍隊哨音，一群穿著粉紅色連身裙的舞者，搭配藍絲帶揮舞歡迎，偌大的白色船身加上紅十字標記，顯得特別醒目。

委內瑞拉國防部長弗拉迪米爾·帕德里諾·洛佩斯（Vladimir Padrino López）特地前來迎接船上的中國醫療團隊，並對於北京政府帶來的支持大力讚揚：「貴國在世界各地進行外交，以具體的行動促進國際間合作，避免無謂的爭端。」

那天，這位親近委內瑞拉總統尼古拉·馬杜洛（Nicolas Maduro）的國防部長，以大陣仗排場迎接中國團隊。**在委內瑞拉軍艦和戰鬥機的護航下，中國人民解放軍成立的和平方舟號醫療船緩緩入港，預計在當地停留八天，提供免費醫療服務。**對於幾萬名需要治療的窮苦病人來說，醫療船停留時間顯然過短，但這次的短暫停留具有重要的象徵意義。

幾天前，馬杜洛為了張羅新的資金援助，才剛到北京訪問。而幾週前，美國才剛派遣美國海軍醫療船安慰號（USNS Comfort）前往哥倫比亞，幫助逃往哥國的委內瑞拉難民。中國當局表示，願與這位拉丁美洲盟友共體時艱。

儘管該國經濟崩盤，委內瑞拉的天然資源，仍促使中國與其維持友好關係。委內瑞拉陷入嚴重財務困境，曾數度向中國貸款，累計貸款金額達數百億美元，**中國成為委內瑞拉的第一債權人**。

中國與委內瑞拉政府之間的緊密關係，是在二〇〇一年四月十七日的天時地利人和之下建立的。這天，上任三年的總統烏戈．查維茲接待中國國家主席江澤民，並設宴於首都卡拉卡斯中心的總統府米拉弗洛雷斯宮（palais Miraflores）共進午餐。

查維茲了解這位中國第一號人物喜好音樂，特別安排一個驚喜，邀請西班牙著名歌手「永遠的拉丁情人」胡利歐．伊格萊西亞斯（Julio Iglesias）前來。三人互動輕鬆愉快，還共唱一曲〈當我離開古巴時〉（*Cuando Sali de Cuba*）。這位中國最高領導人盡情享受拉丁美洲之行的最後一站。

為了兩國之間的長期合作，他們簽署多項能源、文化、技術和礦產相關的雙邊合約。而合約的核心項目是：委內瑞拉地下和海底儲量豐富的石油。委內瑞拉是拉丁美洲最大原油生產國，儲量居世界第一。

從一九九九年開始，在查維茲大力推動下，完全符合中國資源多樣化的期望。中國有三分之二的石油消耗量必須依靠進口，委內瑞拉的儲量可確保一部分的石油供應。相對的，委內瑞拉認為有中國這位新客戶，可降低其對美國的依賴。

在二〇〇〇年初期，兩國之間創立特殊的石油外交政策。北京政府透過中國國家開發銀行，大量借貸給委內瑞拉，資助查維茲提倡社會主義所領導的玻利瓦革命（Revolucion Bolivariana）。二〇〇七年，委內瑞拉政府與國際貨幣基金組織決裂，就在這一年，中國與委內瑞拉為合作大型計畫籌備資金，成立「中國與委內瑞拉基金」，由中國分期貸款五十億美元予委內瑞拉。

查維茲還將自己的人馬安插在委內瑞拉國家石油公司（PDVSA），確保將來能夠以石油償還貸款。中國公司爭先恐後進入委內瑞拉市場簽署多項合約，包括鐵路、電信、衛星、社會住宅、礦產等。由於以實物償債運作得相當順利，以至於查維茲在二〇一三年三月五日去世後不久，所出現的第一個警訊，北京並未特別留意。

委內瑞拉經濟崩潰，拖中國下水

然而，原油每桶價格卻顯示緊張跡象。二〇一四年，油價下跌將近一半，高度依賴石油出口收入的委內瑞拉，經濟陷入崩潰邊緣。

巴士司機出身的馬杜洛接班查維茲，擔任總統領導國家，該國面對嚴峻財務困境無力償債。中國同意從二〇一四年放寬還款條件，但為時已晚。中國恐陷入呆帳危機，北京昔日最好的拉丁美洲盟友變成沉重的經濟負擔。但中國別無選擇，只能向這個玻利瓦革命政權繼續提供資金，二〇一四年四十億美元、二〇一五年五十億美元、二〇一六年二十二億美元。總計中國在二〇〇七年至二〇一八年間，一共向委內瑞拉提供十八筆貸款，累計六百七十二億美元[41]。以平均計算，中國借給委內瑞拉三千萬的人民，平均每人兩千兩百四十美元！

當然，部分貸款已經用原油償還，但委內瑞拉的石油生產停滯不前，然而，國家仍需要現金。

中國與委內瑞拉兩國之間的氛圍逐漸改變，因為北京政府開始擔憂，這筆約兩百三十億美元的債務，委內瑞拉能全數還清嗎？如果馬杜洛政權垮臺，會演變成什麼局面？注重現實面的中國，必須採取行動。況且，委內瑞拉首都情況日益惡化。

二〇一七年十一月，信評機構標準普爾宣布委內瑞拉債務違約。油井的產出速度也放緩。二〇一八年，委內瑞拉面臨經濟衰退，社會和衛生保健陷入危機，而國內前所未有的政治緊張局勢，更加劇經濟困境。二〇一八年五月，馬杜洛因再次當選總統而引發爭議。二〇一九年一月，反對派胡安．瓜伊多（**Juan Guaido**）自行宣誓就任臨時總統。

表面上，北京政府表示繼續支持，但其實兩國之間已開始出現裂痕。

二〇一七年十二月，中國最大國有石油公司中石化，其旗下的美國子公司，在美國對委內瑞拉國家石油公司提起訴訟，追討兩千三百七十萬美元欠款。這筆金額相較於委內瑞拉的巨額債務，簡直是零頭，但這項舉動足以表示中國的挫敗與憤怒。

二〇一一年三月發生在利比亞的情況，北京當局絕對不希望在委內瑞拉重演。當時，聯合國授權對利比亞進行武裝干預，中國緊急撤離三萬五千名居住在格達費（Kadhafi）政府統治下的僑民，並放棄在利比亞的活動和投資，估計總值達一百八十億美元[42]。

北京的各大學公報對於中國的委內瑞拉政策開始提出質疑。二〇一五年，中國社會科學院薛力教授，早已對拉丁美洲國家積欠中國的高額負債提出警告。他寫道：「有鑑於該國的政治和經濟形勢，增加投資和貸款金額是不合理的。總之，中國應防範壞帳。」[43]二〇一七年，則是北京外國語大學的一位研究人員，針對中國在委內瑞拉的不良投資，發表一篇諷刺文章。

由於玻利瓦革命帶來經濟危機及政府腐敗，委內瑞拉許多基礎建設因此被迫停工。烏戈．查維茲政府發起的鐵路發展計畫，原定到二〇三〇年完成一萬三千多公里的鐵路興建，如今工程已中斷，委內瑞拉無法履行其財務義務，特別是無法償還積欠中國國家鐵路集團累

---

41 《Inter-American Dialogue》，智庫「中國－拉丁美洲的財務統計資料」，Kevin P. Gallagher 和 Margaret Myers，二〇一九年。

42 《保護國外僑民》，Mathieu Duchâtel 撰，摘自《全球中國人》（*La Chine dans le monde*），Alice Ekman 編輯，法國國家科學研究中心（CNRS），二〇一八年出版。

43 《為什麼中國不應該對拉丁美洲進行過多投資》，載於《外交家》（*The Diplomat*）雜誌，薛力與徐晏卓合撰，二〇一五年三月三十一日。

計五億美元的債款。

司法訴訟的過程也使中國高層感到尷尬，因為這等於是將中國賄賂委內瑞拉相關人士的細節攤在陽光下。

隨著這些醜聞爆發，世人窺見查維茲政府的領導階層與中國公司之間，錯綜複雜的金錢往來。二〇一八年秋天，西班牙《國家報》（*El País*）揭露，委內瑞拉與中國簽訂的合約都內含高額傭金，支付給親近政府的商界人士。其中一位重要人士為委內瑞拉國家石油公司前保險商迪亞哥·薩拉查（**Diego Salazar**），也是前石油部長拉斐爾·拉米雷斯（**Rafael Ramírez**）的表兄弟。

根據安道爾侯國法官卡諾立奇·明果蘭斯（Canòlic Mingorance）調查顯示，前石油部長的這位表兄弟涉嫌建立大規模的賄賂系統，抽取一〇%或一五%的合約價格作為傭金。《國家報》記者據調查文件指出，起初薩拉查與中國公司聯繫時，毫不避諱的透過委內瑞拉駐北京大使館代表聯絡。估計挪用資金達數億美元，款項匯入素以保密著稱的安道爾私人銀行（**Banca Privada d'Andorra**）帳戶，該金融機構變成協助洗錢的機構。

之後，安道爾私人銀行遭強行關閉，涉案的董事因洗錢被判有期徒刑。二十九名委內瑞拉高階官員也遭到安道爾司法單位調查審問，薩拉查於二〇一七年在卡拉卡斯入獄服刑。

安道爾司法單位另外鎖定一位人士，她是委內瑞拉駐英國大使羅西奧·曼內羅（Rocío

del Valle Maneiro）。安道爾法院於二〇一八年九月十一日進行審問，她始終否認貪汙。但是，安道爾防制洗錢組織長達九頁的報告裡面寫得很清楚：曼內羅在二〇〇四年至二〇一三年間，擔任委內瑞拉駐中國外交代表，利用薩拉查設立的傭金系統謀取利益，二〇一二年間共匯入四百萬美元至其安道爾私人銀行帳戶。調查人員進一步說明：「這是中國企業透過薩拉查轉付給委內瑞拉官員的款項，以委內瑞拉能源基礎建設的特許權作為交換。」[44]至於曾擔任委內瑞拉國家石油公司董事長達十二年之久的前石油部長拉米雷斯，因擔心遭到報復而行蹤成謎……。

撒大筆銀子，確保資源供應無虞

不知是時間巧合還是刻意安排，馬杜洛在二〇一八年九月前往北京，就在安道爾調查揭發的同一週。為期四天的訪問目的很簡單，這位新上任的社會主義總統，希望能確保中國的長期支持，並再次獲得資金。然而，他不會失望的。身為查維茲的繼任者，北京政府以禮待之，馬杜洛還利用這次訪問瞻仰毛澤東遺體並鞠躬致敬。離開中國時，口袋裡裝著二十八項

44《倫敦的委內瑞拉大使在安道爾藏了四百萬美元》，西班牙《國家報》，二〇一九年二月十五日。

新合約的清單，以及五十億美元的分期信用貸款。

這個無底洞何時能有喘息的機會？難道中國人的慷慨沒有限度嗎？實際上，在委內瑞拉與美國冷戰的格局下，有傳言說華盛頓曾策劃政變，推翻馬杜洛。然而北京基於三個原因，沒有放棄委內瑞拉。

首要原因是石油的供應：委內瑞拉領導人已承諾對中國的原油輸送量，增至每天一百萬桶；第二是基於經濟動機：讓馬杜洛倒下，很可能被迫放棄中國債權；最後是基於意識形態：絕不能讓川普執政的美國，重新奪回委內瑞拉控制權！

儘管如此，當二〇一九年一月十日，馬杜洛披上象徵該國的紅藍黃三色彩帶，在選舉的最高法院宣誓連任，他顯得越來越被孤立。美國和歐盟均未派代表出席典禮，僅玻利維亞、古巴、薩爾瓦多和尼加拉瓜等國總統到場祝賀。中國則維持基本禮儀，派出農業部長韓長富當代表。與十八年前查維茲和江澤民之間的熱絡互動落差很大！

一向注重實際利益的中國高層，私下祕密接觸反對派成員（雖然他們否認此事），尤其是親近瓜伊多的人士。瓜伊多於二〇一九年一月二十三日，自行宣布為委內瑞拉總統。幾天後，這位反對派領導人透過香港一家日報[45]的採訪，向北京政府喊話：任何想把馬杜洛趕出總統府的人，一旦執政後都應履行與中國已簽署的所有協議。甚至表示願意「盡快」與中國進行對話。

中國在支持馬杜洛的同時，也緊盯未來局勢變化：中國對委內瑞拉的政策已轉變成外交和金融的棋局，中國若想以石油作為賭注，這盤棋就不容再犯錯。而且中國還必須面對新中國帝國主義形象引起的反感，當地人認為中國帝國主義已嚴重打擊拉丁美洲財富。在首都卡拉卡斯，由於貪腐案件層出不窮，使馬杜洛政府的親中政策，甚至是武器出售，都接連引發強烈抨擊。

二〇一七年，一群抗議者聚集在中國大使館前面，高喊反華口號。為了美化形象，中國對委內瑞拉人民頻頻示好。二〇一八年九月二十二日，派遣和平方舟號到卡拉卡斯，提供居民免費的醫療服務，便是其中一項行動。二〇一九年三月，委內瑞拉發生幾次大停電，全國漆黑一片，北京立即提供協助。雖然從二〇〇一年查維茲總統和江澤民建立兩國友好關係，到如今呈現緊張局勢，中國仍設法與這位拉丁美洲盟友重建關係。

---

45 《胡安．瓜伊多在委內瑞拉與中國的關係》，《南華早報》，二〇一九年二月二日。

第二十一章

中國化的聯合國——美國紐約，午夜 12 點

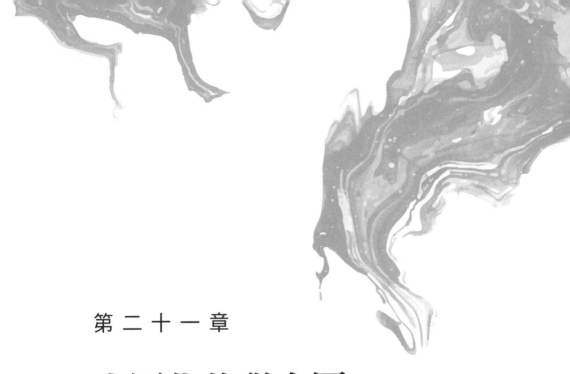

紐約
New York

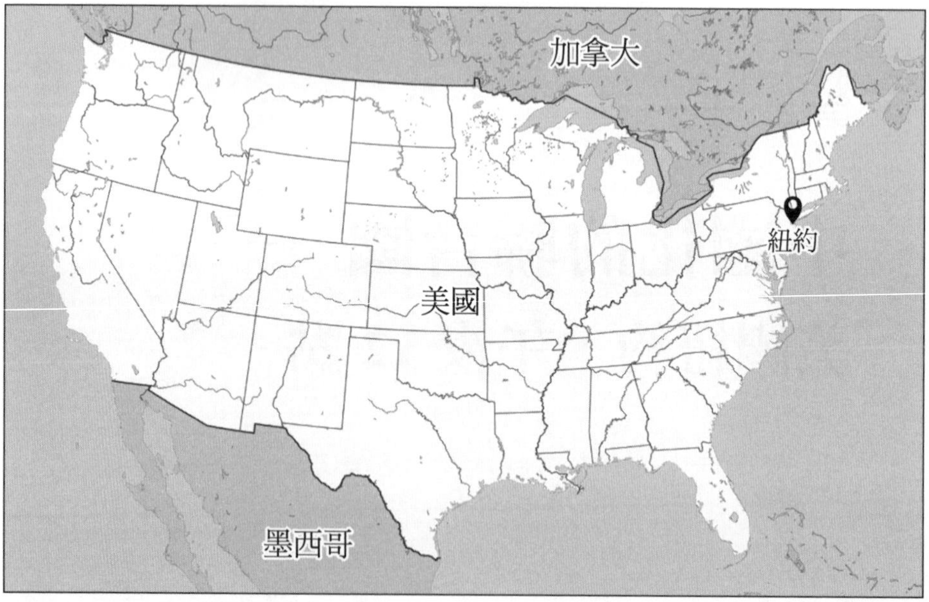

國家：美利堅合眾國
人口：329,100,000 人（截至 2019 年）
面積：9,534,000 平方公里
密度：35.7 人／平方公里

中國軍隊的士兵在曼哈頓出現——這樣的畫面不尋常。中國人民解放軍的國際傳播代表團團長毛乃國，身著飾以肩章和金色鈕扣的綠色制服，在聯合國總部大廳裡來回走動。二〇一八年二月十一日星期一，在一群中國高官的陪同下，為這次的攝影展舉行開幕儀式，向世人展示中國「藍盔」維和人員的榮耀，展覽主題為「維護世界和平的中國軍隊」。毛乃國大校（中國陸軍軍階，介於上校和少將之間）在兩百位來賓面前解說六十張照片，這些照片展現出中國軍隊在薩赫爾（Sahel）沙漠、剛果叢林或亞丁灣（Golf of Aden）維和行動中的英勇表現。毛乃國說：「我們已經參與全球二十四次以上的維和行動，總共出動三萬九千多人次。」

這些數字早已完整記錄在聯合國的統計數字，但是北京政府喜歡提醒大家，中國軍隊在全球日漸增加的重要性。比如在馬利（Mali）和南蘇丹（South Sudan），中國「藍盔」是維護當地和平不可或缺的力量。在安理會的五大常任理事國當中，中國組建的維和人數最多（約有兩千五百名士兵）。他們以步兵、警察、工程或人道主義救援等任務為主。維和部隊經常身陷危險之中。二〇一六年在南蘇丹的朱巴（Juba），或同年在馬利北部襲擊中喪生的維和人員，都是實際見證。

但**僅向聯合國提供維和人員並無法讓北京滿足，它想要做進一步的掌控。二〇一九年，在習近平執政下的中國，成為聯合國維持和平行動的第二大出資國**，提供一五%的年度支出，總計為七十億美元。這和過去共產政權不希望人民解放軍與維和人員扯上關係的時代大相逕庭。

「中國化」的世界組織

中國現在不僅提供資金和人力，還透過控制維和部隊，企圖在聯合國內部擔任主角。二十多年來，法國官員一直位居高階戰略職位，而且一點也不急著拱手讓人。中國的野心勃勃，足以讓法國高階官員不寒而慄。

為達目的，北京費盡心思在聯合國安插暗樁。例如二〇一九年一月，祕書長安東尼奧・古特瑞斯（António Guterres），任命外交官夏煌為聯合國非洲大湖區（Great Lakes）[46]特使。夏煌是一位經驗豐富的高階官員，曾任中國駐尼日、塞內加爾及剛果共和國的大使，是在聯合國組織擔任相當高階職務的中國人。此外，在財務方面，北京定期出資贊助聯合國維持正常運作的昂貴成本。二〇一九年，中國首次超越日本，成為僅次於美國的聯合國第二大「出資國」。

至此，中國的中央權力中心謹慎策劃，冀望提升中國在世界組織裡的地位。二〇一九年二月在紐約聯合國總部的攝影展，就是由習近平主席領導的中國共產黨中央軍事委員會，以及中國常駐聯合國代表團共同舉辦。隨後，將在世界各地宣傳，表揚中國維和部隊的英雄事蹟。當然，也不忘向中國人民大力宣傳。一系列的電視劇和電影適時配合宣傳，出現在各大螢幕，頌揚中國「藍盔」的英勇氣慨及其對於維護世界和平的關鍵角色。

中國積極參與聯合國組織的活動絕非出於偶然。習近平正打算利用美國退出一些國際組織的機會來遞補空缺。眾所周知，川普痛批某些特定的多邊國際協定，認為花費過高，而且經常沒有效果，甚至有些是反美的。他宣布美國退出二〇一五年簽訂的《巴黎協定》，以及二〇一五年七月的《伊朗核協定》。這對北京來說是好消息，因為中國看見奪得多邊國際協定操控權的機會。

其次，正如中國領導高層所言，中國國內經濟發展驚人，接下來要做的是在世界外交舞臺上占據更重要的地位。這個世界上人口數最多的國家，在沉睡多年後，正積極迎頭趕上，在不到三十年的時間裡，成為世界第一大貿易國和第二大經濟體。

頂著多項成功的光環，中國不再甘於做一名旁觀者。二〇一七年四月，中國還創設「全球治理」高等學校。該校附設在聲譽極高的北京外國語大學，主要培訓具備至少兩種聯合國正式語言能力的國際高階官員。最重要的是，中國要擔任未來全球治理的仲裁主力。加入多

46 涉入國包括盧安達、蒲隆地、布干達、坦尚尼亞，海拔高，氣溫適宜農耕畜牧，人口高達一·〇七億。

邊國際協定當然可行，只要它符合中國的野心。

一旦中國穩固在世界的權力，未來不論是人權或經濟發展方面，也無須再遵照西方國家的標準。

為了使聯合國「中國化」，聯合國多數的工作單位都有中國人滲透，而且數量驚人。在內部的核心單位，中國派出優秀人才占領要職，特別是在經濟領域。二〇一七年七月開始，負責聯合國經濟和社會事務部（UNDESA）的劉振民就是一例。這位前外交部副部長曾參與巴黎協定的談判，倡導新多邊主義，並就經濟和網際網路發展問題，給予聯合國主席多項建議。他負責的部門被視為聯合國的「智庫」，許多中國人在其中擔任要職。

中國前財政部副部長李勇，則在聯合國組織的另一個重點單位擔任要職——聯合國工業發展組織（UNIDO）總幹事。西方國家認為該組織毫無作用，所以不太重視。中國在過去也曾抨擊它，正如抨擊聯合國開發計畫署（PNUD）一樣。但現在不同，因為北京政府很快就了解到，若能在聯合國所有級別單位部署自家人，將有利於掌握指揮權，以及組織大規模的遊說活動，進而支持「一帶一路」。目的在於利用聯合國，鞏固習近平在二〇一三年發起的「一帶一路」計畫。

中國人成功占據部分要職，策略果然奏效！聯合國祕書長古特瑞斯，曾出席第一、二屆的新絲綢之路論壇，讚揚中國的努力並認可該計畫的「潛力」。二〇一六年九月，聯合國開發計畫署，成為第一個與中國領導人簽署備忘錄的國際組織。這一點也不奇怪，因為牽線人正是聯合國開發計畫署亞洲及太平洋地區分支機構負責人——來自中國的徐浩良。

在此之前，北京政府已經運用靈活的手腕，打通聯合國內部的各個關節。二〇一六年五月，中國成立「聯合國和平與發展信託基金」，捐助聯合國兩億美元。至於設立這個由中國高度控制的聯合國信託基金，其目的何在？答案是：促使聯合國的永續發展目標與新絲綢之路的目標一致。該基金的指導委員會，中國人就占四名，包括中國駐聯合國大使馬朝旭，還有聯合國經濟和社會事務部副祕書長劉振民。

繼聯合國開發計畫署之後，輪到聯合國工業發展組織和中國簽署備忘錄。許多西方國家開始懷疑，北京政府正利用像是電腦木馬程式的手法，將聯合國工業發展組織變成中國人的組織。當該組織於二〇一七年九月在維也納舉行會議，以絲綢之路為主題，且由香港的一家基金會提供贊助，更加深大家的猜疑。該香港基金會名為「南南合作金融中心」，其主席蔡鄂生曾是中國銀行業監督管理委員會副主席。在聯合國的官僚迷宮中，中國似乎懂得該如何摸清路線、自由穿梭……。

中國另一個遊說成功的案例，是二〇一八年三月在人權理事會（United Nations Human Rights Council）獲得外交勝利。那天，北京首次在日內瓦議會提出決議案，標題為「促進人權領域的互利合作」，字面上看起來相當和善。該決議最後以二十八票贊成、一票反對、十七票棄權通過，這是人權理事會在人權觀點上轉折的重要標記。該決議的通過，證明西方陣營的分裂，尤其是歐洲。

中國布局的人際網絡不僅限於聯合國，還擴展到其他國際機構。在國際機構中位居要職的中國外交人士、官員和金融家，隨時都會關注中國國家利益。儘管他們不對外張揚，很少成為新聞媒體的焦點，但他們在國際組織內部的勢力不斷擴張。

國際貨幣基金組織總裁克莉絲蒂娜・拉加德（Christine Lagarde），於二〇一九年秋季離職轉任歐洲央行（European Central Bank）。在她任職國際貨幣基金組織期間，副行長中國人張濤不斷在該組織增強中國的影響力。中國目前在國際貨幣基金組織中，擁有六・〇九%的選票（二〇一一年為二・四%）。二〇一五年，國際貨幣基金組織宣布，將人民幣納入「特別提款權」（SDR）的貨幣籃子。

大方投資，背後由全球買單

與國際貨幣基金組織為孿生姐妹機構的世界銀行（World Bank），也相當關照中國，每年向中國提供近二十億美元的貸款。這顯然不合理。當北京周旋於非洲、拉丁美洲或亞洲國家充當起銀行家到處撒錢，背後卻是世界銀行慷慨贊助。這份慷慨，令新上任的世界銀行行長大衛．馬爾帕斯（David Malpass）感到不滿。馬爾帕斯與川普關係密切，他是美國前財政部副部長，二〇一九年四月上任後，旋即宣布削減世界銀行對中國的貸款。他很可能槓上該機構的第二號人物，也就是中國前財政部長、現任世界銀行集團首席行政官的楊少林。

屢遭川普痛批的世界貿易組織，也是世界經濟的重要據點之一。中國人在二〇〇一年，加入這個位於日內瓦管理世界貿易的機構，在此可指望中國前商務部副部長易小準，他現在是世界貿易組織的四位副總幹事之一。至於其他國際專門組織裡的中國高階官員，就不必多說，他們知道在必要時該如何捍衛自己的國家，例如強悍有力的趙厚麟，從二〇一四年起擔任國際電信聯盟（ITU）祕書長。二〇一九年四月，面對美國的指控，這位電信教主毫不猶豫的公開捍衛中國企業華為。

至於柳芳，這位中國女性自二〇一五年八月開始，擔任國際民航組織（ICAO）祕書長，該組織成員有五百人，總部設在蒙特婁（Montreal），她被指控輕縱駭客事件相關人員。該組織在二〇一六年十一月遭受大規模的網路駭客攻擊。根據加拿大廣播公司（CBC）[47]記者取得的調查報告內容，調查發現很可能是一個名為「密使貓熊」（Emissary

47《蒙特婁國際民航組織試圖掩蓋駭客攻擊事件》，二〇一九年二月二十七日。

Panda）的中國駭客組織成員所為時，國際民航組織的管理階層試圖掩蓋駭客攻擊所造成的損害，並拖延數週才做出反應，但這並沒有阻止柳芳女士於二〇一八年八月一日再次當選祕書長。

另外，在海牙國際法院擔任副院長的薛捍勤，出生於上海，自二〇一〇年以來一直是國際法院法官。二〇一八年二月她再次當選，續任三年。

在這個世界遊說大戰中，北京偶而也會摔跤。像是二〇一七年十月的聯合國教科文組織（UNESCO）總幹事選舉，法國前文化部長奧德蕾·阿祖萊（Audrey Azoulay）在第三輪投票時獲得五十八票，而中國代表唐虔只得五票。不過，唐虔是該組織的優秀資深官員，從一九九三年以來就頻繁接觸該組織，原先一直認為自己能幸運當選。

另一個運氣不好的事件發生在國際刑警組織主席孟宏偉，他在二〇一八年九月突然失蹤。當時中國在二〇一六年成功將他推升到警察機構最高階層時，還很自豪的認為是漂亮一擊。他以八二%的得票率當選國際刑警組織主席，這位中國警察系統的重量級人物，成為僅次於聯合國的第二大國際組織領導人物。但孟宏偉從來都不屬於習近平派系人馬。

某天他匆忙趕回中國，被迫辭去國際刑警組織主席職務。中國調查人員在二〇一九年四月指出，這位中國警察被開除中國共產黨黨籍並遭拘留，被指控「拒絕遵守黨的決定」。這一解釋令人懷疑在國際組織的中國高官，他們的最高工作指導原則，是服從黨的意識形態還是其領導的機構原則？

西方國家不斷提出質疑，但中國領導階層悶不吭聲的繼續前行。他們評估自一九七一年，聯合國承認中華人民共和國一路以來的歷程。他們也知道美國仍然是聯合國第一大捐助國。但他們現在深具信心，中國化的聯合國不再是痴人說夢。證據呢？他們成功的在駐羅馬的聯合國糧食及農業組織（FAO）布局中國候選人，希望接任巴西的何塞·格拉齊亞諾·達席爾瓦（Jose Graziano de Silva）的位置，這次推出的是中國農業農村部副部長屈冬玉，果然押對寶。二〇一九年六月，屈冬玉打敗法國、喬治亞、喀麥隆及印度候選人獲得勝利。那天，中國在龐大的聯合國組織架構裡又攻占一席。

第 二 十 二 章

五星紅旗飄揚在華爾道夫酒店——

美國紐約，午夜 12 點

紐約
New York

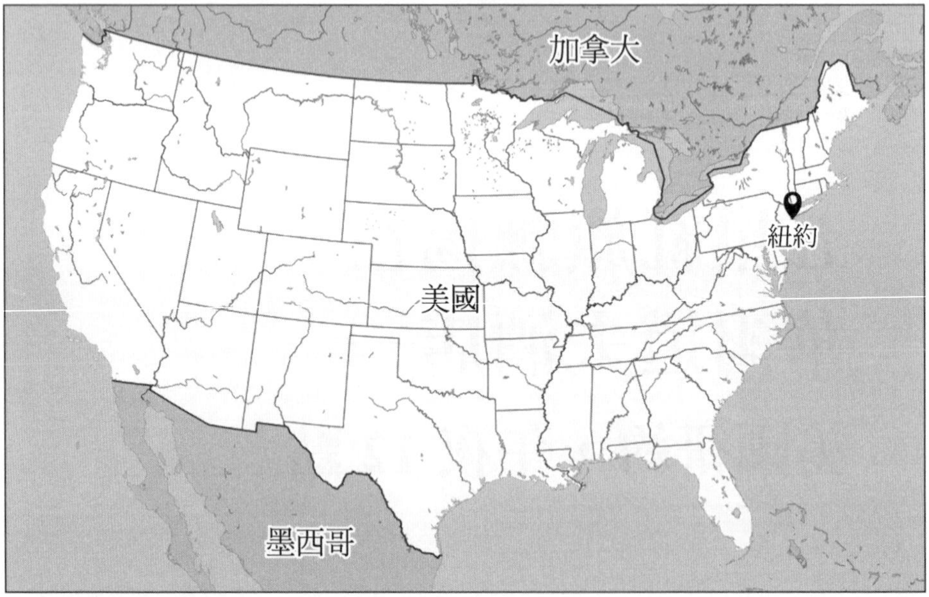

國家：美利堅合眾國
人口：329,100,000 人（截至 2019 年）
面積：9,534,000 平方公里
密度：35.7 人／平方公里

在二〇一九年五月十五日星期三的深夜，到十六日星期四的凌晨之間，紐約消防員一接到電話，馬上就知道是哪一棟建築物出事，因為地點是公園大道三〇一號，這是紐約最有名的地址之一。從一九三一年開始，華爾道夫．阿斯托里亞酒店（Waldorf Astoria）就在那裡，富麗堂皇的裝飾藝術風（Art deco），使它成為許多明星和元首的指定酒店。

消防車很快就抵達，數十名消防員下車，拿著消防水帶衝向建築物。他們穿過建築工地的鷹架，迅速控制這家豪華酒店地下室的火災。眾人受到驚嚇，但幸好損害不大。正在進行的改建工程可以迅速復工，中國老闆打算將這座富有傳奇色彩的高檔酒店，改建成豪華公寓出售，解決財務問題。

五年前，**當中國安邦保險集團宣布，將從美國基金公司黑石集團（Blackstone）手中買下華爾道夫酒店時，在紐約房地產界引起微小震撼，甚至美國最高層也感到不安**。除了因為交易金額將近二十億美元，創下美國酒店相關交易的天價紀錄，更重要的是，這象徵著中國投資者對大廈、辦公大樓和其他美國高級房產的驚人胃口。

這一次，**中國人買的不僅是紐約建築的瑰寶，也是自一九九三年以來，被評為紐約重要的文化遺產**。其價值無與倫比，美洲國家的元首來到紐約，幾乎都會選擇在此下榻，特別是在秋季初期的聯合國年度會議。

酒店收購交易一完成，便看到莊嚴的大門口飄揚著中國國旗，與美國星條旗並列在金色字母的酒店名稱兩旁，中國國旗在此處顯得特別醒目。

染紅的五星「旗」酒店

二〇一五年九月，當時的美國總統歐巴馬（Barack Obama）沒有住進華爾道夫酒店，改住附近另外一家豪華酒店——位於麥迪遜大道（Madison Avenue）的紐約樂天皇宮酒店（Lotte New York Palace），除了敏感性問題外，主要是基於國家安全考量。自一九三〇年代以來，這是美國總統第一次沒有選擇華爾道夫酒店總統套房，其他的美洲國家代表，他們也和美國總統一樣改住其他酒店。在新冷戰氛圍下，美國當局擔心中國可能會監聽白宮官員。

這對新東家吳小暉來說是第一個打擊，吳小暉是安邦私人集團的創始人，也是一個大膽的生意人。他做過汽車銷售員，後來與鄧小平的（外）孫女結婚，四年前開始在上海大肆投資房地產，聲名大噪。

安邦集團急速竄起，在全球擁有的房地產激增。《金融時報》（*Financial Times*）[48]評論：「二〇一四年十月收購高貴的華爾道夫酒店，是安邦集團投資過當的明顯象徵。」當時，吳小暉深信祖國國旗會在此永久飄揚。他不僅宣布要將這座傳奇建築保存至少一世紀，同時花費數百億美元，繼續收購美國和其他地區的酒店和企業。

來自溫州的吳小暉總說自己是「白手起家」，沒有任何特殊背景。二〇一五年，他宣布華爾道夫酒店將進行大規模翻修工程，部分房間（一千四百三十間）將改造成豪華公寓。這幢四十七層的建築物於二〇一七年二月二十八日關閉，在當地最佳顧問的監督下，聘請法國室內設計師皮耶·伊文羅尚（Pierre-Yves Rochon）設計，開始動工翻新。那是吳小暉的巔峰時期，但距離結束的日子已近，而且他自己心裡也有數。

幾週後，他在北京遇見幾位英國《金融時報》記者，他和記者們開玩笑說要收購這家倫敦著名的報紙。但是，一被問到關於安邦的未來，他馬上臉色一轉：「三年？到那時我們可能已經被消滅。」

結果還不到三年，事情就發生了。兩個月後，這位集團大亨被中國警察逮捕。他的企業王國瓦解，不僅嚴重負債，還背上貪汙和賄賂罪名，緊接著是資產出售及重組——安邦是中國最富有、但也是最不透明的企業集團之一。

二〇一七年夏季，北京政府首次下令啟動金融重整行動，目的在於制止中國投資者玩弄金錢遊戲和瘋狂投資房地產，安邦集團也無法倖免。在公園大道三〇一號，施工的鑿岩機停

48《浮華中國商人吳小暉的成與敗》，《金融時報》，Henny Sender 和 Lucy Hornby 報導，二〇一八年二月。

駛，包圍著第四十九和第五十街之間的綠色工地。

二〇一八年二月二十三日出現戲劇性發展，中國保監會宣布接管安邦集團，中國政府因此成為華爾道夫酒店的新東家。至於吳小暉，他被上海法院裁定詐欺及經濟犯罪。二〇一八年五月底，法院判處吳小暉有期徒刑十八年，為這位五十一歲的大富翁玩家迅速發達的事業生涯畫下句點。

中國政府對安邦的接管持續一年，在此期間，政府派出的新領導團隊清算大量資產，包括在美國大部分的酒店。一開始保證維持公司「民營化」，但結果正好相反，不僅董事會成員和監事改由政府高階官員擔任，還取得吳小暉的股權，將安邦集團國有化。

二〇一九年七月，北京政府成立一家新公司，名為「大家保險集團」，取代原來的安邦集團。這家中國新公司會將華爾道夫酒店保留多久呢？整修翻新的三百七十五間豪華公寓，計畫在二〇一九年秋季開始銷售，當時房市相當低迷。目前，酒店正在裝潢，並預定於二〇二一年重新開幕。誰將會是新主人呢？中國政府是否會等到適當時機再轉售呢？一切仍是未知數。

不過，可以肯定的是，在北京和華盛頓之間的貿易戰背景之下，中資企業已經開始撤離曼哈頓和美國各大城市。他們在美國的投資熱度以閃電般的速度消退，二〇一六年到二〇一八年，從四百六十億減至五十億美元。如同安邦集團，中國所有大集團都服從北京政府的命令紛紛撤離。負責中國國家經濟計畫的國家發展和改革委員會，在鼓勵企業家配合新絲綢之路拓展業務時，難道沒有批評海外非理性投資嗎？

在此情況下，華爾道夫酒店在中國人的手裡可能很短暫。也許公園大道上飄揚的五星紅旗，有天也會成為紐約這座華麗宮殿的著名紀念品之一，就像科爾・波特（Cole Porter）的史坦威鋼琴、約翰甘迺迪的專屬搖椅、麥克阿瑟將軍的書桌，以及一八九三年芝加哥世界博覽會的時鐘，那是伊莉莎白女王送給美國的禮物。而過去一直接待歷任美國總統的總統套房，也許那天也會恢復它的用途。

第二十三章

中美超級電腦戰，誰是贏家？——

美國田納西州小鎮橡樹嶺，午夜 12 點

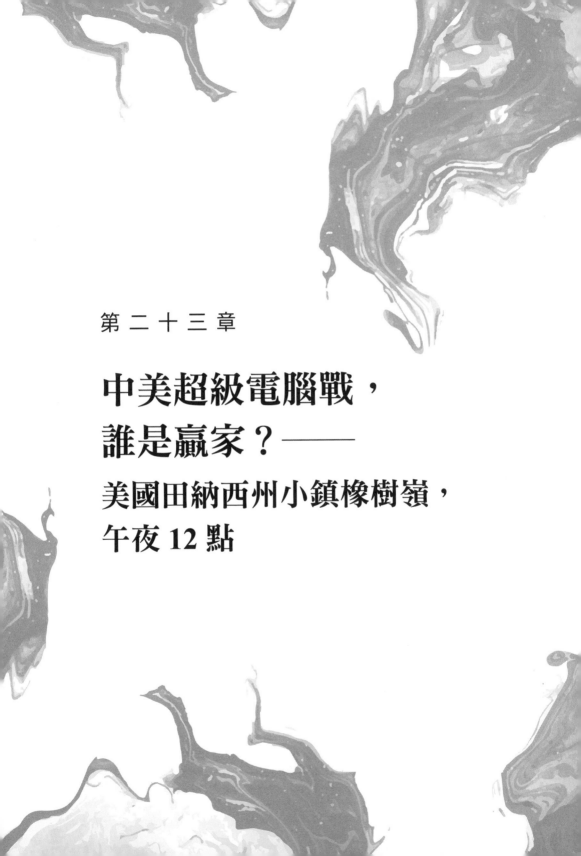

橡樹嶺
Oak Ridge

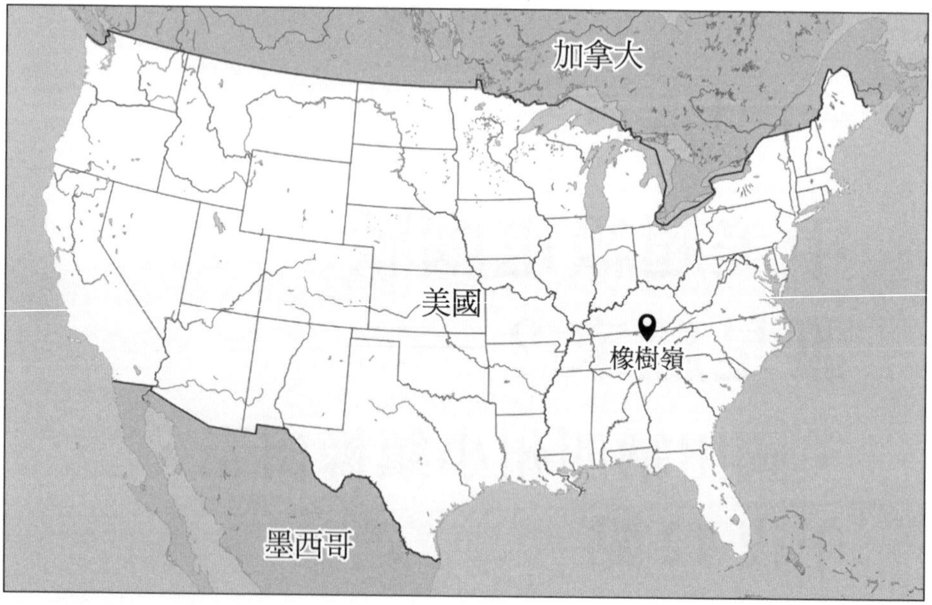

國家：美利堅合眾國
人口：329,100,000 人（截至 2019 年）
面積：9,534,000 平方公里
密度：35.7 人／平方公里

橡樹嶺（Oak Ridge）是在田納西州的小城鎮，位於納許維爾（Nashville）以東兩百公里，目前人口為三萬人。那裡有幾座新教堂、一座科學和能源博物館，以及橡樹嶺國家實驗室，是美國核研究機構。

這個小鎮誕生於一九四二年，當時為了研發美國原子武器的曼哈頓計畫，在不到一年的時間裡就建造完成。後來橡樹嶺的居民曾達到七萬五千人，其中大多數是在鎮裡的原子工廠工作。在全球核武爭霸的核心，先是對抗納粹德國，接著是蘇聯，這裡過去一直是個祕密之城，Site X 是它的代稱。近年來，這座城市邁入一場新的爭鬥戰——電腦霸主寶座。在二十一世紀初，橡樹嶺這個在過去不為人知的小鎮，已成為中美超級電腦爭霸賽裡的新科學和媒體中心。

二〇一八年六月八日，美國能源部正式推出最新的超級電腦 Summit。這是全球最強大的超級電腦，全體團隊為此感到自豪，美國能源部長瑞克．裴利（Rick Perry）也向美國研究團隊表達高度敬意：「超級電腦 Summit 的推出，證明美國在科學創新和技術發展方面的領導能力。這對能源研究、科學發現、經濟競爭力和國家安全，將產生深遠影響。」

現在的確是美國該醒來的時候了。電腦大廠 IBM 的工程師，設計這部巨型電腦需要五年的時間和三億兩千五百萬美元的資金，電腦裝置的占地面積相當於兩個足球場。

四年來，中國的高性能超級電腦超越全球，曾經稱冠的「神威．太湖之光」（Sunway

TaihuLight），由「國家並行電腦工程技術研究中心」研製，安裝在上海附近的「國家超級電腦無錫中心」。Summit 的運算速度幾乎是競爭對手「神威．太湖之光」的兩倍。這項性能使美國在計算能力爭霸賽中重新奪冠。在二〇一九年六月公布的全球五百大超級電腦排名中，美國的 Summit 與 Sierra 位居前兩名。Sierra 是由勞倫斯利佛摩國家實驗室（Lawrence Livermore National Laboratory）研發，並安裝在加州。

然而，這項出色的表現仍無法掩蓋一個事實，那就是**全球科技的發展自本世紀以來，中國團隊無論在功能強大或性能表現皆不斷領先。在前述最新的全球排名五百大超級電腦中，中國已增至兩百一十九臺，是二〇一一年的三倍，其中有兩臺排在前十名**。而美國占一百一十六臺，約中國的一半，但有五臺排在前十名（法國占十八臺，其中功能最強的一臺在世界排名第十六）。

在橡樹嶺公布這項消息之後，中國媒體似乎是想較勁，於是報導中國正在全國多個研究中心，部署百萬兆次（exascale）等級的超級電腦原型機。新一代超級電腦的運算速度將會是 Summit 的五倍。

超級電腦之戰，誰會是贏家？

但是美國人當然也有話要說。二〇一九年三月，美國能源部長裴利宣布斥資五億美元，研發新一代百萬兆次運算等級的超級電腦。這次由美國半導體巨頭英特爾與克雷（Cray）電腦合作研發，並安裝於美國能源部在芝加哥附近的阿貢國家實驗室（Argonne National Laboratory），新一代超級電腦將命名為 Aurora，計畫於二〇二一年建立完成。

兩大強國之間的超級電腦爭霸戰，投資金額動輒數百億美元。為了遏止中國發展，歐巴馬政府在二〇一六年底決定採取限制措施，目的是限制半導體產品出口，希望藉此保持在該產業的主導地位。現今，美國的公司占全球半導體市場超過五〇%的份額。接著，在二〇一九年六月，華盛頓當局將五家中國電腦資訊公司列入管制名單，進一步限制中國獲取美國的技術。

為了反擊，中國成立投資半導體產業的基金，稱作「中國國家集成電路產業投資基金」。二〇一八年春季開始募集，截至目前已募得三百一十五億美元，該基金成立宗旨為促使中國在半導體產業自給自足。美國市場研究公司 IC Insight 表示，中國半導體自給率在二〇一五年為一三%，預計二〇二〇年應可達到七〇%。

中國半導體產業發展速度驚人。二〇一八年八月，中國媒體最新報導稱，中國科學院投資約一億四千五百萬美元，設計一項新型超導體（superconductor），這將使現有技術被淘汰。但有關使用的材料性質，研究人員未做任何詳細說明。

這項新型超導體的最大優點是其電阻可轉變為零，因此得以高效能節電。美國研究人員數十年來一直在鑽研這項主題，特別是聯邦研究機構的美國情報高等研究計畫署（IARPA），但並未獲得滿意的結果。而中國方面已設定目標，要在二〇二二年左右推出原型機。

一場新的賽局已經開始，美國產業界不能讓自己被打敗，這一切競賽的源頭，都是因為爭搶建造出第一臺量子電腦（Quantum computer）。中國科學家是否能夠利用美國既有的技術，發展出一套可快速增強超級電腦速度和效能的技術？暫且不論是否為事實，中國在二〇一六年已宣布發射世界上第一顆量子通訊衛星。隔年，據說中國工程師已經從太空成功發送第一條防洩漏、防竄改的訊息。話說，中國若有能力設計出無法破解的加密系統，那麼是不是也能解密任何受保護的訊息呢？

第二十四章

中國共產黨的宣傳利器，孔子學院——

美國德州首府奧斯汀，晚上 11 點

奧斯汀
Austin

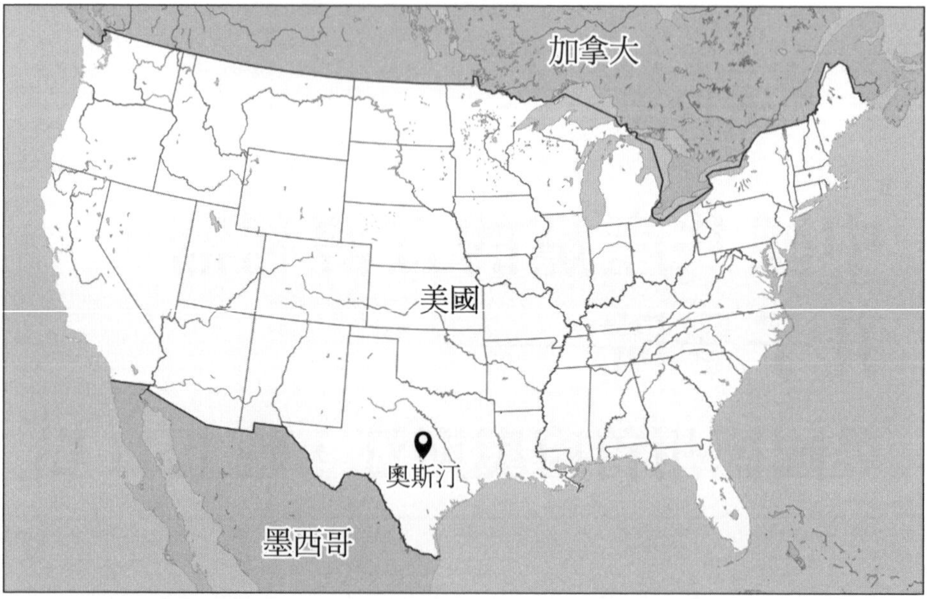

國家：美利堅合眾國
人口：329,100,000 人（截至 2019 年）
面積：9,534,000 平方公里
密度：35.7 人／平方公里

「有關於中國在貴校校園造成的影響，特以此函向您表達我們深切的憂慮。」德克薩斯州眾議員麥克・麥克考（Michael McCaul）和亨利・庫拉爾（Henry Cuellar），一位是共和黨，另一位則是民主黨，在二〇一八年三月二十三日共同寄出一封信，提醒德州幾所大學校長，越來越多中國機構在大學校園裡蔓延，已對成千上萬的德州學生造成威脅。其所指的是以中國著名哲學家命名的孔子學院。

該機構成立於二〇〇四年，接著迅速在世界各地發展，第一家在首爾。如今，全球約有五百二十五間，其中在美國有上百間，在法國約十五間。此外，在全球中小學還開設一千多個孔子學堂。這些都是由中國國家漢語國際推廣領導小組辦公室（簡稱漢辦）所規畫，其任務是「結合中國與當地的夥伴關係，推廣中國語言與文化」。

該機構相當於法國文化協會的法語中心或德國文化中心的歌德學院。學生可以上中文課，並參加漢語考試，包括偏重寫作的漢語水平考試（ＨＳＫ）和口說的漢語水平口語考試（ＨＳＫＫ），類似英語的托福。還可以練習書法、陶藝、國畫或太極拳。

北京當局利用國外當地的孔院，建立一套軟實力的運作機制企圖影響輿論，並使大眾接受其世界觀及立場，例如受到國際高度批評，其對於西藏、臺灣，乃至與日本發生領土爭端的釣魚臺列嶼的立場。

但是，這兩位美國國會議員完全不認同。在他們看來，中國是美國的新敵人，他們認為中國不僅利用到處蔓生的孔院發揮其影響力，更擔憂在奧斯汀的德州知名學府「德克薩斯州農工大學」（A&M）校園內，附設孔院所產生的後果。

在二〇一八年四月發表的聯合聲明中，他們敦促德克薩斯州農工大學的管理階層「考慮終止與孔子學院以及中國政府支持的所有組織合作」。主要考量是中國以這些組織作為平臺，進行情報蒐集和政治影響，對美國的安全構成威脅。「我們有責任捍衛美國言論自由，並採取必要措施打擊威脅民主的行為」。

沒有任何事實足以證明麥克考和庫拉爾的孔院涉及間諜活動，但在同年二月，正當中美貿易戰打得不可開交，聯邦調查局局長克里斯多福．瑞伊（Christopher Wray）在華盛頓國會議員面前提出令人不安的事證。他在參議院情報委員會委員召開的聽證會表示，對於孔院的作用非常擔憂，並且已展開調查。他特別警告要提防中國「用非傳統手法蒐集情報」，並稱「北京不當利用我們開放的研究和發展系統，這對我們美國人來說很珍貴，但他們卻擅自使用」。

同一時間，西佛羅里達州立大學（University of West Florida），在收到參議員馬克．魯比歐（Marco Rubio）發出的警訊後，中止與孔院的合作關係。其實早在四年前，芝加哥大學（University of Chicago）和賓州州立大學（Pennsylvania State University）就已結束和孔院的合作，而位在奧斯汀的德州大學，學校高層也宣布結束與孔院的一切活動。二〇一九年五月，夏威夷大學（University of Hawaii System）宣布關閉在該校已成立十三年的孔院。據統計，至少十五間美國大學宣布關閉校園內的孔院。

讓各國膽戰心驚的孔院

實際上，**許多美國大學領導階層和世界各地的學校一樣，並沒有想到美國國會議員，會為了中國人的存在和孔院的特殊運作方式，而陷入恐慌**。理論上，西方國家持續批評中國當局對待西藏及臺灣的立場，以此來看，孔院這十五年來並沒有什麼改變，影響力似乎有限。從二〇〇四年開始，北京政府已投入數十億美元設立孔院。創設孔院五年後，中國共產黨宣傳主任李長春明確指出，「孔院是中國海外宣傳機制的重要組成部分」。

中國政府的長期目標是，經由設立數百個孔院發揮影響力，促使其國際外交政策受到認同，但目前就結果來看，很難證明這項策略奏效。中國盤算的是，**全世界有成千上萬的學生曾在孔院學習中國語言和文化，也許將來這群學生擔任的職位與中國有關。北京打賭，這些學生在孔院所接受的教育，能促使他們做出有利於中國的「正確」決定。**

不過，孔院的拓展雖然迅速，效果卻與創校的野心背道而馳，爭議也越來越多，但是大學校方或漢辦本身都有不當之處。例如幾年前，美國一所大學突然提議孔院每年紀念天安門事件，激起漢辦震怒。二〇一四年七月，漢辦國際主任許琳在歐洲漢學學會上，公開要求撕毀會議手冊裡和臺灣有關的所有頁面，令眾人譁然，成為當時一大醜聞。

除了這層無法理解的隔閡之外，其營運方式也是一大問題。孔院的教職員是在中國招聘，教材也是孔院自編，連海外當地合作夥伴也是與中國官方簽約，對課程內容有任何的增刪，都必須經過中國國家漢辦允許。孔院顯然不同於西方類似的機構，例如法國文化協會法語中心，在世界各地約有八百五十個分支，各分支機構在海外當地可獨立運作。反觀，孔院結合外國的大學或中小學，表面上慷慨提供資金，實際上藉此管制教學內容。在雙方協議中，規定「不得損害孔子學院形象」，這是一個廣泛且含糊的概念，足以涵蓋任何引起中國不悅的事情，一旦牴觸則可能失去中國的資金補助。

礙於以上這些原因，法國里昂大學（Universite de Lyon）、加拿大的麥克馬斯特大學（McMaster University）和斯德哥爾摩大學在合作數年後，寧可選擇停辦。南韓原先表示歡迎，是繼美國和英國後，孔子學院數量占世界第三的國家，不過中國在南韓設立二十二間孔院之後，遇到難以突破的困境。二〇一七年，南韓與北韓的軍事和外交情勢緊張，北京政府支持北韓，於是南韓對於孔院的中國教職員簽證，決定停止延簽。

大學研究專家蕾切爾・彼得森（Rachelle Peterson），在兩年期間內調查約十二所設立在紐約和紐澤西州（New Jersey）的孔院。其結論非常清楚：「孔子學院威脅全球的言論自由。」

中國暗中干預大學課程內容。」[49]二〇一七年五月，她在《外交政策》（*Foreign Policy*）雜誌發表文章，直接了當的說：「現在是叫他們滾出校園的時候了。」

49 蕾切爾·彼得森，《中國外力干預：在美國高等學府的孔子學院與軟實力》，美國全國學者協會（National Association of Scholars），二〇一七年。

第二十五章

「中國女孩」，全球釀禍——

墨西哥西北部城古拉坎，販毒大本營，晚上10點

古拉坎
Culiacán

國家：墨西哥合眾國
人口：134,160,000 人（截至 2019 年）
面積：1,972,550 平方公里
密度：61 人／平方公里

在錫納羅亞州總檢察長辦公室裡，警察正在陳列當天的扣押品，方便新聞攝影師拍攝。總共有三萬三千九百一十九顆的芬太尼（fentanyl）、三十袋裝有芬太尼的物質成分、六公斤的海洛因、幾桶鹽酸、幾罐甲醇，以及幾十瓶的丙醯氯（chlorure de propionyle），這是當天在墨西哥西北部城古拉坎（Culiacán）一處郊區住宅內的發現。

時間是四月十日凌晨，在該區巡邏的裝甲警車被兩名騎乘機車的男子開槍射擊。槍手躲在附近的一棟綠色屋子裡，當警察抵達現場時，嫌犯已從後門逃走，但巡邏隊員並非無功而返。現場濃烈的化學氣味使他們警覺到有異樣，經調查發現，該處是製造芬太尼的地下工廠——芬太尼是著名的合成毒品，在美國甚為猖獗。

短短幾年，芬太尼已經讓上萬人致死，歌手「王子」（Prince）在二〇一六年就是因為服用過量的芬太尼而死亡。然而，這項藥物不僅禍害美國，甚至已蔓延全球。**其中一項成分原本用於緩解絕症患者的痛苦，中國廠商利用國際快捷直接從中國工廠運至美國。另外，也有大量運至墨西哥，以供販毒集團的實驗室使用**，特別是錫納羅亞州的大毒梟華金·古茲曼（Joaquín Guzmán），綽號「矮子」（El Chapo）。二〇一九年七月被判無期徒刑後，送往科羅拉多州的監獄。古茲曼在二〇一六年一月被捕，當地販毒集團活動並沒有因此減退，尤其是販運芬太尼。

許多和古拉坎這家地下工廠類似的地方，會有化學家負責將微克（按：一百萬分之一公克）的芬太尼與其他藥物，例如海洛因、古柯鹼等混合，然後製成一小袋粉末或片劑運往美國。在古拉坎以北約一千公里處，毒騾（mules）與亞利桑那州的邊界警察大玩捉迷藏。毒騾有時將芬太尼藏在蔬菜卡車或普通車子裡，然後運到美國各個角落的消費區，在墨西哥向經銷商以每公斤三千至五千美元買到的芬太尼，到紐約或波士頓附近地區就能以十倍或更高價格賣出。

這項由中國生產的合成類鴉片藥物，以嗅、吸或吞服方式使用，其藥效是海洛因的五十倍。它容易成癮、經常致人死亡，通常與劑量有關。過量使用是第一大死因，據美國統計，二〇一七年芬太尼造成兩萬八千四百六十六人死亡。這項新毒品使二〇一四年至二〇一七年間的平均壽命下降，是從一九一八年流感大流行之後，首次出現的現象！

面對這場禍害，川普在二〇一七年宣布進入「全國公共衛生緊急狀態」，並要求北京協助遏止該藥物販售、運送。美國緝毒局（DEA）人員在哨站、船隻、海關與邊境搜查可疑包裹。二〇一九年一月，在墨西哥通往美國門戶的邊境城市諾加利斯（Nogales），查獲有史以來最大的貨運。那天，警察在一輛裝滿小黃瓜的半掛式拖車裡，發現夾帶一百二十公斤的芬太尼。該數量足以讓五千萬人死亡。但緝毒成功的案例其實很少，面臨大量入侵的芬太尼，俗稱「舞蹈熱」（dance fever）、「中國白」（China white）或「中國女孩」（China girl），法網漏洞顯然很大。

芬太尼大舉入侵，美國築起防火牆

歐巴馬和川普明白，**要有效遏止這種致命的毒品，必須打擊源頭，也就是中國，因為中國是這項合成藥物的產地**。但是要做到這一點，必須說服北京管制其龐大的製藥和化工產業。**芬太尼很快就成為北京和華盛頓之間，所有雙邊會議議程必談的重要議題之一**。儘管中國承諾會終止運送，但芬太尼依舊充斥美洲市場。原因很簡單，製造商只需稍微改變化學結構，製作成類似芬太尼的物質，就能規避法規，相當容易。美國政府十分憤怒，譴責中國的放任行為，但北京當局反駁，認為是美國人自己縱容年輕人。

如果習近平和川普還沒決定共同對付難題，無效的對話可能會持續很久。實際上，面對眼前的災難，川普知道他必須盡快讓中國人有具體行動。正是如此，習近平身邊的親信也認為，這是向其他國家展示中國負責任態度的大好時機。況且，解決芬太尼問題，將有助於兩國貿易談判順利。二〇一八年十二月五日，兩位領導人在布宜諾斯艾利斯G20峰會後展開談判。北京承諾管制所有含芬太尼的產品，令川普相當高興，他在推特上大肆宣揚：「如果中國出手打擊這種可怕的毒品，並把經銷商和零售商都判死刑，成效將會更好。」

中國在五個月後開始全面施行管制，這是北京政府首次嚴格管制芬太尼及其類產品。那麼，美國的芬太尼市場會就此萎縮嗎？有鑑於墨西哥或美國的芬太尼庫存，可能不會一夜之間銷聲匿跡。此外，這種人工合成的鴉片類藥物（Opioid）發展成功的速度驚人，對藥物市場產生改變。著名的組織犯罪專家萬達·費爾德布·布朗（Vanda Felbab-Brown）指出：「芬太尼在美國的成癮人數不斷增加，墨西哥的鴉片價格因此大幅下跌。由於芬太尼利潤高，現在販毒集團和毒販都偏愛芬太尼，貨源主要來自中國。」[50]

該致命藥物在近年來急速發展，川普和習近平之間的貿易協議可望加以遏止。在最近幾個月，中國當局已經比以前還配合，將數十種芬太尼類物質列入管制的黑名單，同時承諾加強對生產地區的檢查，並監管網路零售商和加強海關查驗，但川普可不放心。二〇一九年八月初，川普決定對中國產品徵收新關稅，據其所言，主要是因為中國未能有效阻止芬太尼出口到美國。還有一個問題是，中國政府是否有能力監管十六萬家化學和製藥廠的生產活動？如果不能，那麼「中國女孩」可能還會在美國和其他地方繼續釀禍。

50 布魯金斯學會（Brookings）《外交政策》，《墨西哥失控的犯罪市場》，費爾德布·布朗撰，二〇一九年三月。

第 二 十 六 章

華為事件爆發，待續中——

加拿大溫哥華，晚上 9 點

溫哥華
Vancouver

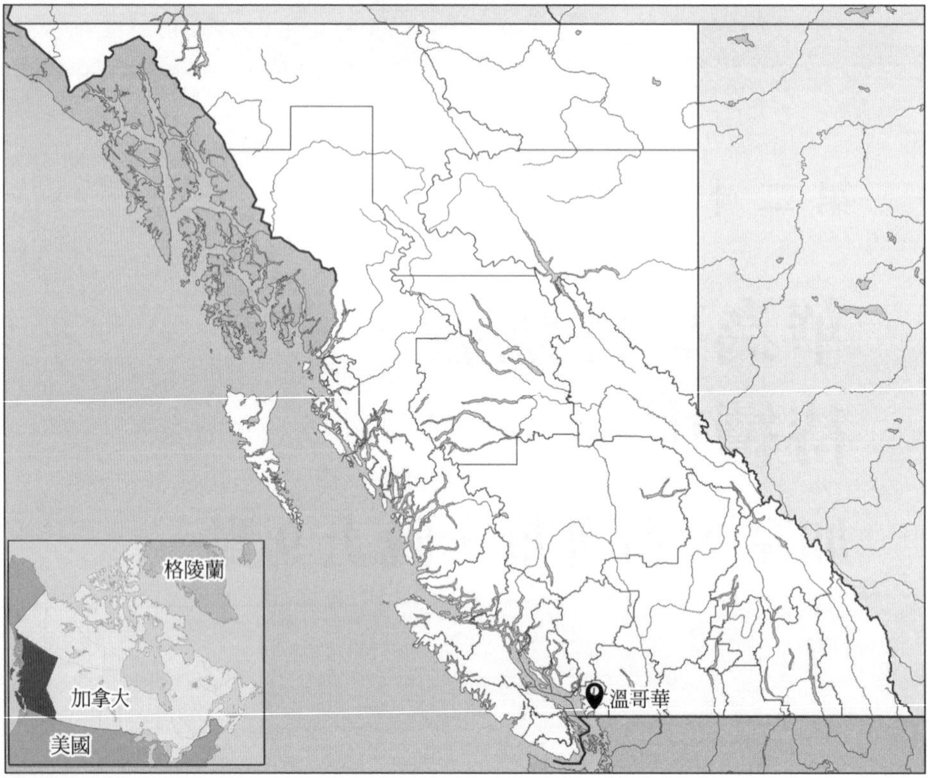

國家：加拿大
人口：37,281,000 人（截至 2019 年）
面積：9,984,670 平方公里
密度：3.92 人／平方公里

兩名加拿大僑民被押進中國監獄隔離。加拿大駐華大使表面上強烈抨擊，但許多人都知道他在中國面前低聲下氣，所以他很快就被解職。這場外交危機前景不明，端看美國總統川普和中國國家主席習近平的心情。加拿大總理賈斯汀．杜魯道（Justin Trudeau）可能也沒有預料到事情會演變至此。

二〇一八年十二月一日，加拿大警方在溫哥華機場逮捕一名過境的中國公民。她不是普通的女企業家。她叫孟晚舟，總部設在中國南方深圳市，是電信基礎設施巨頭華為的首席財務長，同時也是集團創始人任正非的女兒。

任正非是中國人民解放軍前高階軍官，也是中國共產黨的重要成員。他在一九八七年創立華為，全球擁有近三十萬名員工，二〇一八年的營業額超過一千億美元。大家都知道這家高科技大廠設計的智慧型手機，以強大的功能和極具競爭力的價格，對三星和蘋果產生直接的影響。二〇一八年，華為手機在全球銷售量超過兩億支，但大家或許不知道，除了製造手機，華為也是電信設備製造商，全球約有一百七十個國家的電信營運商使用其產品。

華為象徵中國驚人的技術成長，在三十年裡將技術提升到世界的頂尖。西方國家認為，華為的勝出越來越令人不安和擔憂。孟晚舟在加拿大被扣押乃應美方要求，她成為中美貿易戰的籌碼。實際上，美國司法部從二〇一六年就開始調查，孟晚舟與公司高層於二〇〇九年至二〇一四年間，向伊朗出售設備，違反美國禁售伊朗的規定。

該事件也讓加拿大政府遭遇困境。孟晚舟被捕之際，正值加拿大為了與中國建立自由貿易協定，已進行約兩年的磋商，但一直尚未正式談定。加拿大這次的表現，等於宣告其為美國可靠的盟友，如此一來，中國更不可能與加拿大進一步討論貿易協定。

自從川普入主白宮，一直沒有停止抨擊中國，使兩國及其盟國捲入前所未有的貿易戰。華為成為頭號目標，不僅被控違反伊朗制裁令，美國情報部門更懷疑華為利用部署在全球電信基礎設施的設備，作為軍事或商業間諜用途。在這場爭鬥中，美國政府與盟友組成的「五眼聯盟」（Five Eyes）能給予可靠的情報支援，包含英國、加拿大、澳洲和紐西蘭，與美國共同分享國際情報。二〇一八年夏季，紐西蘭和澳洲政府率先規定，營運商在其固定和行動網絡設備，禁止使用華為產品。二〇一八年，英國電信做出同樣的決定。

揭開新技術冷戰的序幕

到了五月中旬，北京和華府關係更緊繃，因為川普總統正式簽署行政命令，禁止美國企業在未經許可下，使用對國家安全構成威脅的外國電信設備。同時，美國商務部已將華為列入黑名單，禁止從美國集團獲取技術。這項禁令產生的最大影響是，谷歌停止向華為提供安卓操作系統支援。對於上億名華為手機使用者來說相當不利，他們將無法使用安卓系統，屆時手機就得淘汰。而對於僅次於三星的第二大智慧型手機製造商華為來說，無法再銷售配備有安卓系統的手機，打擊極為沉重。

因為這件事，貿易爭端轉變為「新技術冷戰」，兩邊陣營皆蒙受其害。美國不僅打擊華為，也懲罰美國科技大廠。半導體製造商英特爾、高通（Qualcomm）、博通（Broadcom）和Xilinx（賽靈思），宣布停止供貨給華為。而微軟原本是華為的軟體合作夥伴，也謹慎的中斷商業關係。

此禁令也連帶影響與華為有業務關係的成千上萬個中小企業。華為首席法務官宋柳平指出：「這項決定將會損害我們一百七十多個國家的客戶，包括使用華為產品和服務的三十億名消費者。美國政府阻止美國企業與華為業務往來，將造成超過一千兩百家的美國企業利益受損，並影響數萬人的就業。」

美國的指控並沒有提出任何具體證據，但過去二十年來，華為與美國相關產業的複雜關係，足以令美國心生畏懼。華為從二〇〇〇年初期在國際上快速竄紅，位居網際網路基礎設施產業全球之冠的美國思科（Cisco），曾指控華為中國工程師罔顧道德，竊取其智慧財產。二〇〇四年，思科提起訴訟，歷經八年拉鋸戰，雙方最後低調和解，這段訴訟宣告結束。除了被控侵犯專利權，華為還被指責財務不透明——該公司當時由創始人和員工持有百分之百的股權。華為持續發動價格戰，以低價贏得市占率，遭同行批評其不擇手段。

近幾年，華為努力重塑形象，冀求拓展西方國家業務，更確切的說是拓展歐洲業務，因為美國已全面禁止使用其設備。在二十世紀初的十年間，華為重金聘請強大顧問團進行組織改革：德國慕尼黑的弗勞恩霍夫物流研究院（Fraunhofer IML）協助生產改革、合益集團（Hay Group）和美世（Mercer）顧問公司進行人資改革、埃森哲（Accenture）進行客戶關係管理、IBM擔任研發顧問……。

這家中國電信巨頭明白，要在世界電信產業爭得不可替代的地位，決勝關鍵在研發技術。華為在十年內花費超過七百億美元投入研發，大幅加速前進的步伐。二〇一八年，其研發預算超過一百五十億美元，相當於營業額的一五％，遠超過其他競爭對手。華為僱用大批研發人員，二〇一八年總計在全球共僱用八萬多名研發人員，占總員工人數的四五％。大多數研發人員的工作地點在深圳總部，該處是深圳市裡的另一座城市，規畫相當完整。

華為繼續在全球擴編。二〇一三年開始在法國積極發展，宣布大舉投資十五億歐元。二〇一九年員工人數將近一千人，其中兩百名是研發人員，分布在巴黎地區、索菲亞科學園區（Sophia Antipolis）、格勒諾布爾（Grenoble）和布列塔尼（Bretagne）等五個研發中心。華為法國子公司執行長施偉亮說：「我們無法阻止謠言，如果美國人不想與我們合作，我們將會撤出美國，轉而投資歐洲國家。」

老大哥排擠華為，令小國進退兩難

自從美國在二〇一八年持續圍剿華為以來，歐洲國家開始出現不同調。像是英國原本對華為採取反對立場，之後卻出現一百八十度的轉變。四月二十四日首相德蕾莎・梅伊（Theresa May），無視美國警告和內閣成員反對，同意華為參與未來英國5G網路建設。

德國採取另一種策略，對華為嚴密監視。二〇一九年三月，美國駐柏林大使發一封正式信函給德國經濟部長彼得・阿特麥爾（Peter Altmaier），其內容表達得很明確。據《華爾街日報》報導，如果安格拉・梅克爾（Angela Merkel）政府允許華為參與德國未來的5G網路建設，美國當局揚言將立即中止分享兩國情報。梅克爾總理迅速公開回應，並向她的美國盟友保證，在做決定之前，將會「與我們歐洲和美國的合作夥伴」討論。梅克爾總理進一步釐清，若華為將來在德國部署設施，應先證明其設備的安全性。

在法國，情況可沒這麼簡單。法國不可能為了取悅美國去惹怒中國，但也不可能對美國的指控充耳不聞。一月底，法國對合作條約進行修正，要求電信營運商的設備在安裝新硬體和更新軟體之前，都必須事先申請授權批准。這項做法等同直接將華為納入監管，藉此降低營運商使用華為產品的意願。

法國政府這項實施方法，使四家主要的國家電信營運商的處境相當尷尬，特別是SFR

和布依格（Bouygues）電信公司。表面上，Orange和Free兩家電信公司在法國都不使用華為設備。不過，在二〇一九年初，Orange電信悄悄在蒙佩利爾（Montpellier）地區架設約六十個華為的5G天線，進行全面測試。在此期間，Orange電信執行長法比安・杜拉克（Fabienne Dulac）參訪華為的深圳總部。事實上，法國這幾家電信營運商進退兩難，因為當他們著手準備部署新的第五代行動網路時，他們被要求要使用市場上效能最高的硬體，但價格必須最低。

習近平於二〇一九年三月底的訪法行程似乎在「安撫人心」，這趟歐洲之行，中途也安排到摩納哥。這是中國國家主席首次訪問摩納哥，格外引人注意。二〇一八年，中摩兩國的往來業務總額達一億三千萬歐元。摩納哥親王想要展現對中國技術的信賴，尤其是華為技術，因此摩納哥電信公司（Monaco Telecom）決定與華為簽署合約。摩納哥電信是由法國企業家澤維爾・尼爾（Xavier Niel）持股五五%的公司。於是，總人口數三萬九千人的摩納哥公國，成為全世界首個全面覆蓋5G的國家。

習近平的訪問顯然扭轉局勢。法國《世界報》（*Le Monde*）四月十日發表一篇專訪，負責電信部門的國務祕書亞涅斯・巴尼葉・盧納歇爾（Agnes Pannier-Runacher），試圖淡化這項戲劇性的轉變：「華為大量投資，其技術領先，在終端電信設備方面經驗豐富。我們對於華為和其他大廠一視同仁。」

地球的另一端，在加拿大豪宅裡被司法監視的孟晚舟，原本為自身處境稍有轉機感到些微寬心。二〇一九年四月中旬，即孟晚舟遭到逮捕後的四個半月，當她看到父親在美國CNBC電視受訪談話，肯定百感交集。任正非展現父愛的觀念相當特別，他在受訪時表示：「我的孩子在成長過程都沒有遇到多少挫折，稍微受到打擊對他們來說未嘗不是件好事。傷害和痛苦會使我的女兒更加堅強，自古以來，英雄都是從磨難中成就。我認為這次面臨的挑戰對我女兒是有益的。」

（編按：二〇二〇年五月二十七日，英屬哥倫比亞省高等法院裁決孟晚舟敗訴，該引渡案符合「雙重犯罪」標準，法院對該引渡案將繼續審理。孟晚舟將留在加拿大參加後續的聽證並等待新的審判結果。）

第二十七章

收購美國電影製片廠，向世界講好中國故事——

美國好萊塢，晚上9點

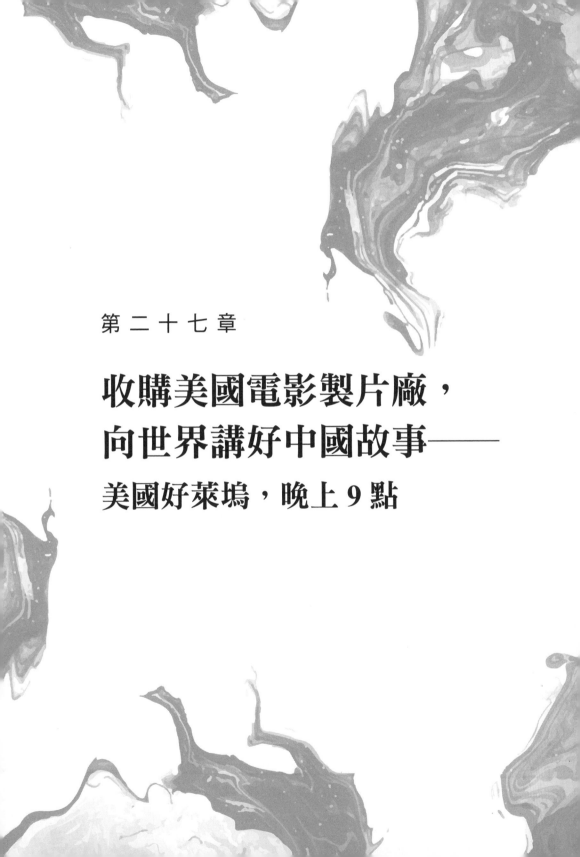

好萊塢
Hollywood

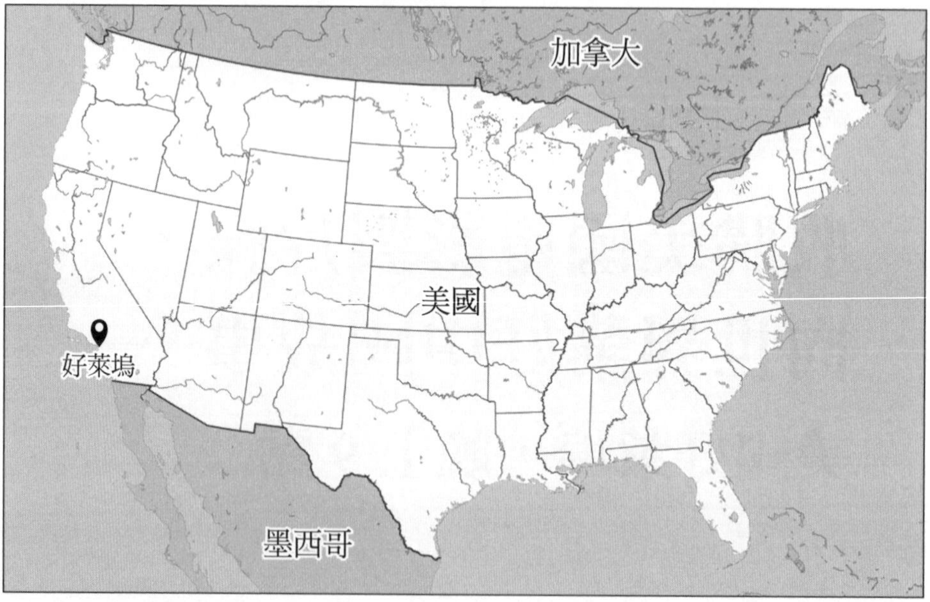

國家：美利堅合眾國
人口：329,100,000 人（截至 2019 年）
面積：9,534,000 平方公里
密度：35.7 人／平方公里

夜晚的格勞曼中國戲院（Grauman's Chinese Theater）特別引人注目。大批遊客和影迷們都已散去，他們瘋狂湧入就為了一睹偶像在首映會現身。座落在好萊塢林蔭大道高處的中國戲院，讓人現在看了不免陷入淡淡的哀傷。我們可以想像一九三〇年代的洛杉磯，這座紅色挑高寶塔前的盛大場景，兩隻明朝的石獅鎮守戲院大門。當時，許多人對中國還沒有具體印象，席德．格勞曼（Sid Grauman）打造這座中國戲院，為加州人展現富麗堂皇的中國風。

這個想法在今天看來或許荒謬，然而，**好萊塢現在到處都是中國人。中國電子企業TCL購得中國戲院的冠名權**，二〇一三年，著名的格勞曼中國戲院改稱TCL中國戲院（TCL Chinese Theatre）。中國人大舉投資洛杉磯及電影產業。**從二〇一二年以來，中國對美國電影產業的投資已超過一百億美元。這波強烈投資攻勢，主要由王健林創立的萬達集團發動。**王健林之前是中國人民解放軍上校，也是二〇一五年至二〇一七年間，中國最有錢的人，直到中國政府決定制止這位野心勃勃的生意人，最後落得負債累累。

萬達集團在房地產、旅遊業和電影等領域都有多元化經營。二〇一七年到二〇一九年春季，王健林的財富從三百二十億美元，縮減至兩百億美元，他起先只是響應中央政府指示：中國企業「走出去」的發展戰略。因此，他到國外大量投資，特別是電影業。

二〇一二年，他以二十六億美元收購美國連鎖院線AMC娛樂控股公司（AMC Entertainment），成為中國企業有史以來在美國最大的一筆收購案。二〇一六年初，利用兩次收購翠固萬達集團在電影院線的控制權，先後以超過十億美元的價格收購美國卡邁克電影院（Carmike Cinemas），以九億英鎊收購英國連鎖院線Odeon & UCI。同年，大動作以三十五億美元收購加州的傳奇影業（Legendary Pictures）。傳奇影業拍過許多知名大片，例如《全面啟動》（*Inception*）、《星際效應》（*Interstellar*）以及《蝙蝠俠》（*Batman*）等。這位大膽的億萬富翁只差入主派拉蒙影業（Paramount），其影視業務版圖就更加完整。

到了七月，正當萬達集團要與美國傳媒巨頭維亞康姆（Viacom）簽約，收購其持有的派拉蒙影業四九％的股份，遭到主要股東薩莫・雷石東（Sumner Redstone）和其女兒莎里（Shari）聯手反對，幾週後宣告破局。由於收購案遭到腰斬，派拉蒙總裁菲利普・道曼（Philippe Dauman）辭職。事情的發展對派拉蒙影業的未來可能極為不利，尤其是沒有新的中國資金注入，財務狀況堪憂。

想賺人民幣，電影內容自然得合中國胃口

接下來的中方投資，就沒有入股問題。二〇一七年初，中國最大的電影院線營運商之一的上海電影集團，和北京華樺傳媒宣布，將共同出資十億美元投資派拉蒙電影製作。這兩家中國公司與派拉蒙達成三年期協議，期間為派拉蒙的新電影提供二五％的資金。不料，二〇

一七年底，中國為了遏制外國投資設立新法規，該協議也無疾而終。

該事件反映出中國投資好萊塢電影業已不如以往容易。早期在一九九七年至二〇一三年之間，一百部好萊塢大片中，就有十二部含中國資金，且涵蓋多種類型，例如：《功夫夢》（*The Karate Kid*）、《不可能的任務三》（*Mission: Impossible III*）、《疑雲殺機》（*The Constant Gardner*）等。到二〇一四年至二〇一八年間更加蓬勃，共計四十一部作品得到中資投入，其中不乏熱門影片，如《玩命關頭》（*Fast and Furious*）、《B.J.單身日記》（*Bridget Jone's Diary*），以及預算高達一億五千萬美元的大片《長城》，該片由麥特·戴蒙（Matt Damon）擔綱演出，象徵中國與好萊塢合作製片的新時代。不過，該片在北美市場失利，口碑不佳，全球僅獲得三億三千五百萬美元票房，其中超過一億七千萬美元來自中國市場。

法國電影院全國聯合會（la Federation nationale des cinemas français）主席查德·帕特里（Richard Patry）指出：「中產階級的興起，產生對平價休閒娛樂的廣大需求。」幾年來，他一直在中國實地觀察，並推銷法國模式。中國每年新開設的電影廳院有五千五百間，相當於法國全國總數。帕特里表示：「他們會觀察、分析，而不是呆板的模仿。中國的電影和休閒娛樂需求強勁，以法國在這方面的豐富經驗，在中國大有可為，因為中國市場比法國大二十倍。」

無論是在法國或好萊塢，沒有任何製片敢和北京政府作對，否則就等著被中國禁止上映，那是潛在觀眾超過十億的龐大市場。二〇一八年初，中國票房收入首次超過美國票房。要在中國發展，仍然必須遵守特定規則。特別是，最好優先選擇與中國演員合作，因為基於稅務理由，北京當局鼓勵這種做法，而且與當地合作有利於通過中國嚴密的電影審查制度。

美國副總統麥克・彭斯（Mike Pence）二〇一八年十月四日在華盛頓哈德遜研究院演講中，公開表示擔憂中國的做法：「北京政府不斷要求好萊塢努力以正面形象介紹中國，若製片廠和製作人沒有照做，就會受到懲罰。凡電影中出現中國爭議的片段，北京的審查人員將毫不猶豫的刪剪或禁止上映，即使是微不足道的小細節。」

要順利打入這個全球最大的電影市場，劇情裡最好避談天安門、臺灣或西藏等敏感話題。許多電影為了避免在中國上映遭到刪剪，例如《神鬼奇航三》（*Pirates of the Caribbean: At World's End*）必須剪掉香港演員周潤發飾演海盜的所有畫面，理由是海盜不會有中國人；二〇〇六年的《不可能的任務三》，刪剪上海拍攝的部分場景，理由是畫面出現的戶外曬衣架顯得中國很落後；二〇一六年《奇異博士》（*Doctor Strange*）在中國放映的版本，原本來自西藏的至尊魔法師，變成一名塞爾特（Celtique）的女性；二〇二〇年上映的《捍衛戰士》（*Top Gun*）續集，男主角湯姆・克魯斯從一九八〇年代以來穿的經典夾克，在二〇一九年夏天預告片播出後，眼尖的觀眾發現，那件經典夾克背後原本縫製的日本和中華民國國旗已消失無蹤。

正如中國國家主席習近平在許多公開場合一再重複「向世界講好中國故事」。這話說得沒錯，除了不能自由表達事實的真相。中國現在正如一九五〇年代的美國，懂得如何利用電影產業作為有力的宣傳機器。

第二十八章

既然沒有路通往深海，北京決定自己來——

太平洋克利珀頓島，晚上8點

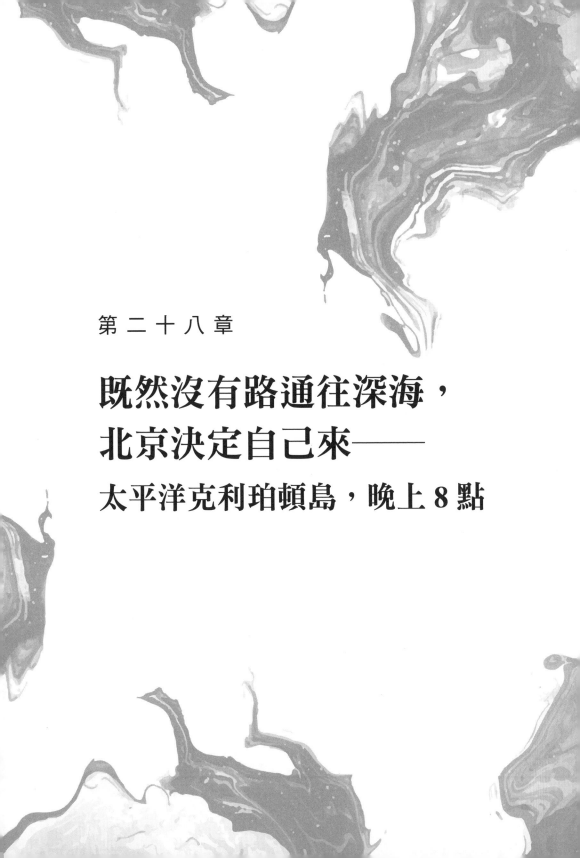

克利珀頓島
Clipperton Island

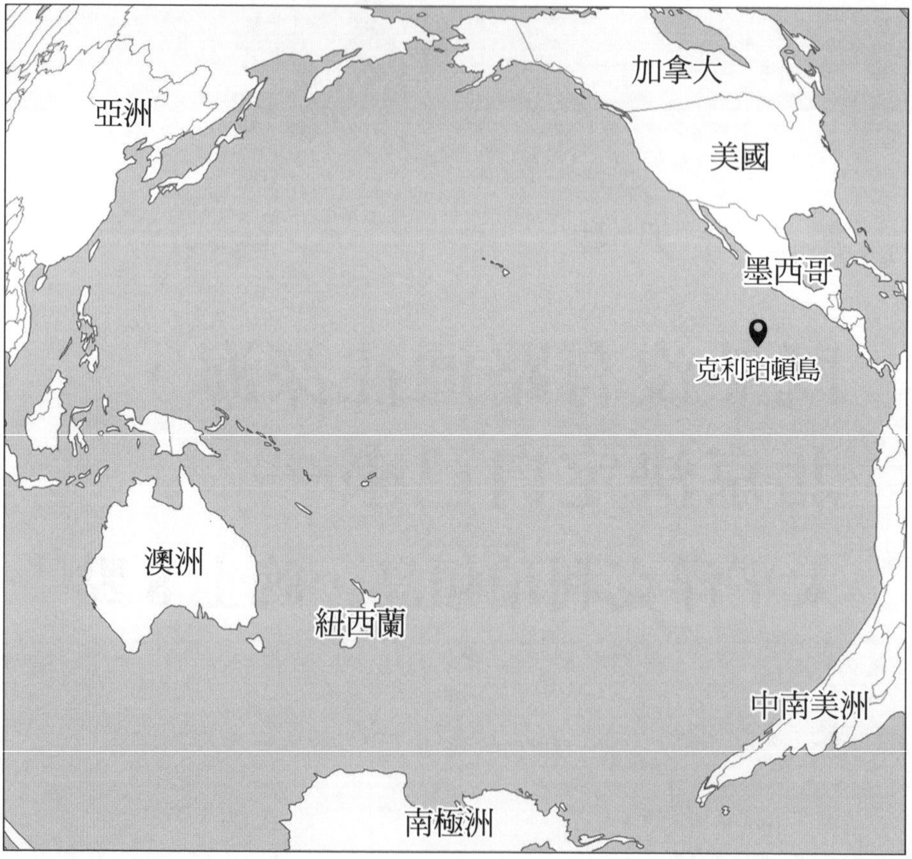

管轄國家：法蘭西共和國
人口：無人居住
面積：6 平方公里
最高海拔：29 公尺

二〇一五年，法國議員菲利普·福里奧特（Philippe Folliot）說，他花了兩週的交通時間才從法國來到這裡，只為了停留兩天。這裡是太平洋上的克利珀頓島，自一八五七年以來一直懸掛法國國旗。這座宛如一枚小珊瑚戒指的環礁島嶼，儘管有塔恩省（Tarn）選出的國會議員福里奧特為此地撰寫議會報告，還出版一本相關書籍[51]，但克利珀頓島終究沒能引起人們太大的關注。

克利珀頓島是無人的荒島，時有強烈颱風，距墨西哥海岸一千多公里，距馬克薩斯群島（îles Marquises）四千公里。雖無人居住，但棲息許多生物，有藍臉鰹鳥（Sula dactylatra）、老鼠、螃蟹和棕櫚樹。自布干維爾（Bougainville）率軍駐守三年，於一九六六年撤離之後，除了探險家和科學家短暫停留，法國每年僅派軍事護衛艦進行巡邏。二十世紀初，發生一群墨西哥人被遺棄在這片島嶼的悲劇，克利珀頓島成了名符其實被遺忘的島嶼。

然而根據該區海底圖研究顯示，其蘊含的寶藏，可能會使法國政府後悔沒有好好關注這一小塊領土。正如福里奧特在二〇一六年在議會報告提到，克利珀頓島雖然很小（僅一．七平方公里），但擁有四十三萬五千六百平方公里的專屬經濟區，比法國本土的專屬經濟區

51《設立國際科學站以發揮克利珀頓島價值》，Philippe Folliot 撰，法國海外部，二〇一六年二月。《克利珀頓島，被犧牲的島嶼》（*La Passion Clipperton, l'île sacrifiee*），Christian Jost 與 Philippe Folliot 合著，La Biblioteca 出版，二〇一八年。

（三十四萬五千平方公里）更大。最重要的是，它位居世界最大的礦床——克拉里昂．克利珀頓（Clarion-Clipperton）斷層帶。

這個在太平洋深處超過四千公尺的巨大地質斷層，面積相當於美洲大陸，蘊藏大量含銅、鎳和鈷的多金屬結核（Polymetallic nodules）。其礦產儲量約數十億公噸，礙於技術及資金因素，長久以來未被開採。然而，**野心勃勃的中國最近開始注意到它**。

令人好奇的是，克拉里昂．克利珀頓深海平原的這場未來海底戰，其勝負關鍵不是操縱在夏威夷、東京或青島，而是加勒比海的金斯敦（Kingston）。這是因為國際海底管理局（ＩＳＡ）總部位於牙買加的首都金斯敦。英國律師邁克爾．洛奇（Michael Lodge），自從二〇一七年一月當選聯合國的國際海底管理局機構負責人，便十分忙碌，因為他必須訂定海洋採礦法。該法將涵蓋地球一半的海底資源，而位於克拉里昂．克利珀頓區的資源正是最主要部分。

陸地資源有限，改往海洋進軍

首先，摩拳擦掌的中國急切期待這塊新疆界的開放。他們**認為在這片公海開採的礦產，將可替代傳統陸地礦產，確保中國未來生產自動駕駛汽車或智慧型手機，所需的原料供貨無**

慮。北京政府深信二十一世紀的絲綢之路，必須能夠穿越東北太平洋附近，即克利珀頓島和克拉里昂島之間。因此，中國駐牙買加大使田琦，在二〇一八年十月一日慶祝中華人民共和國成立六十九週年之際，大肆讚揚中國和國際海底管理局關切的議題一致，他說：「中國提出建立人類命運共同體的建議方案，與公海及其資源是人類共同遺產的原則完全符合。」語畢，這位中國談判專家舉杯向在場來賓致意，其中包括洛奇。田琦當天還引用論語的一句話總結：「智者樂水，仁者樂山。」

中國虎視眈眈這片太平洋水域隱藏的豐富礦產，決定三管齊下，從法律、技術和經濟同時並進，以求盡快爭得這項海底霸權。

根據法律，聯合國國際海底管理局的官員很清楚，授權中國、比利時或加拿大公司開採太平洋多金屬結核礦區之前，他們必須先擬定新法規的環保條款。非政府組織（NGO）密切關注，並全力守護海洋生態系統。擔任海洋事務特使的聯合國祕書長彼得・湯姆森（Peter Thomson）也甚感憂心。

來自斐濟的湯姆森相當了解環境問題，他於二〇一九年一月在達沃斯經濟論壇（Davos Forum）提出要求：「在開始擾亂海底世界之前，先實施十年禁令，就像在處理地球上最後的處女地之前，給予一段寬限期。」但這和北京盤算的時間表顯然不一致。北京政府於二〇一六年二月，通過中國的「深海海底區域資源勘探開發法」，希望迅速啟動計畫。他們大力遊說國際海底管理局擬定海洋採礦法，並希望在二〇二〇年底前完成條文制定。國際海底管理局負責人洛奇對此表示同意。

該組織的一百六十八個會員國當中，中國的表現最積極。二〇一六年，中國成為該組織的第二大捐助國，猶記在二〇〇〇年時，中國的捐助僅列第十二位。除了慷慨贊助國際海底管理局，在中國和香港組織的各項座談會和研討會上，北京當局不遺餘力的捍衛其利益，並獲得回報。

二〇一七年五月十二日，國際海底管理局頒發海底探勘許可證給中國五礦集團公司，探勘地點就位於克拉里昂．克利珀頓斷層帶，即克利珀頓島西北方幾百公里處，面積範圍達七萬兩千七百平方公里，期限為十五年。此外，中國原先透過《中國大洋礦產資源研究開發協會》（COMRA）[52]簽訂的該區海底探勘合約，得以延長五年期限。

中國和競爭對手都知道，如果沒有足夠的技術設備能進入海底作業，這些許可證將毫無用處。這就是為什麼在過去幾個月，要**加速測試海底定位和採礦的新設備**。**中國絕不甘於落後**。二〇一八年，中國的「海龍 11000」纜控無人深潛器完成測試，潛深達五千三百公尺。

同年，外型像巨型小丑魚的「潛龍三號」首次潛水。這艘無人潛航器的嘴裡藏著聲納，橙色魚鰭內有礦物探測器，在眼睛的位置則安裝螺旋槳，以便在巨型魷魚或掠食性海綿環境中操縱。而機身上繪製的白色條紋，則是潛入深海時，方便地面上的研究人員辨識它。值得一提的是，幾個月前，中國五礦集團已在東太平洋執行多金屬結核礦區調查任務，以查明其分布區域。

二〇一九年七月，中國國家海洋調查船隊的最新成員「大洋號」下水，可在全球任何海洋進行深海資源環境的調查作業。從造船廠到研究機構，中國動用所有資源，挑戰海底探勘技術。

不過，這仍然存在一個未知數，無關乎技術能力，亦不涉及法律——那就是收益。海底採礦的成本回報難以確保，且受原物料價格影響甚大。唯有原物料價格上漲，才能攤銷克拉里昂·克利珀頓區的開採成本。在這方面，身在太平洋地區的中國大洋礦產資源研究開發協會和中國五礦集團，由於皆獲得國家的支持，也再次從競爭對手中勝出。

中國是全球最大的礦物和金屬消費國及進口國，有鑑於陸上資源面臨消耗殆盡，進軍海洋絕對是首選。

二〇一八年四月，習近平到三亞市的中國科學院深海科學與工程研究所視察，他向工程師對中國的計畫下完美總結：「沒有道路通往深海，我們不需要追逐其他國家，我們自己就

52 中國大洋礦產資源研究開發協會（China Ocean Mineral Resources Research & Development），隸屬於自然資源部。

是道路。」[53]為了建立這條路，習近平勉勵科學家和研究人員大膽嘗試。

中國科學院果然是優秀的好學生，幾個月後就宣布一項驚人計畫：要在南海水下數千公尺處，打造中國第一個無人潛艇基地。反觀在法國，菲利普．福里奧特議員的克利珀頓島國際科學站提案報告書，依舊束之高閣。

53《北京計畫在南海打造ＡＩ亞特蘭提斯王國（Atlantis）——無人基地》，《南華早報》，史蒂芬．陳（Stephen Chen）撰，二〇一八年十月二十六日。

第 二 十 九 章

先進國家不想面對的廢料難題——

太平洋垃圾帶，塑膠島，晚上 7 點

塑膠島
Plastic Island

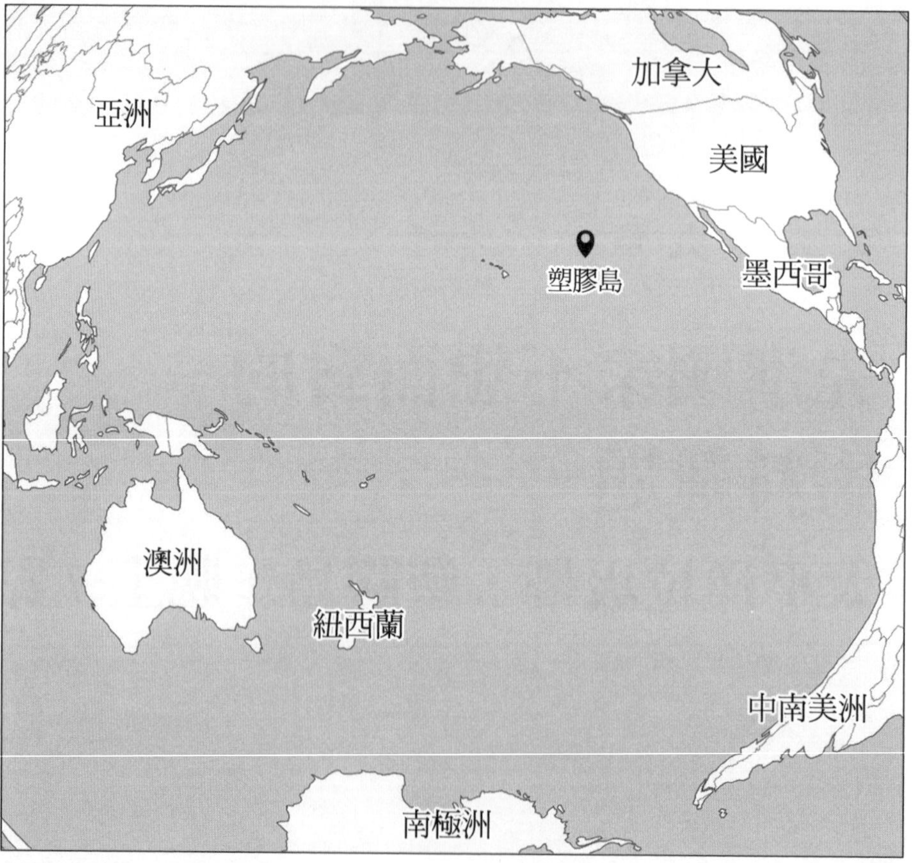

一九九七年八月，查爾斯·摩爾（Charles Moore）船長參加夏威夷帆船比賽後，打算返回加州途中，在距離海岸約兩千公里的太平洋海面上，看見有垃圾漂浮在海上。那天，這位熱愛海洋的加州海洋學家，與他的船組人員發現地球上最大的塑膠垃圾場。

時隔二十年，這片海上垃圾場不但沒消失，還因為每年流入海洋裡八百萬公噸的塑膠垃圾，繼續擴大中。美國人稱之為「GPGP」，意即「太平洋垃圾帶」（Great Pacific Garbage Patch），面積相當於西班牙的三倍。這個巨大漩渦裡五彩繽紛的塑膠碎片，什麼尺寸都有，最小的微粒連肉眼都無法辨識。

隨著風和洋流的雙重作用下，海上漂移的塑膠碎屑往漩渦聚集。綠色和平組織的船隻定期前往研究汙染情形，發現越往漩渦中心，塑膠碎屑濃度越高。「太平洋垃圾帶」並不像大家所形容的垃圾島或第七大洲，它是一大鍋塑膠微粒濃湯，完全無法消化，不但汙染海水，連鳥類、魚類和海洋哺乳動物也跟著遭殃。

二〇一九年春季，一條又餓又渴的鯨魚擱淺在菲律賓海灘上，最後死亡。經解剖發現，牠的胃裡有四十多公斤的塑料殘留物。據專家表示，在檀香山和舊金山之間形成的大洋環流（gyre），多年來累積的垃圾數量估計超過兩兆件，重達十萬公噸[54]，相當於十座巴黎鐵塔。

---

54 二〇一八年三月二十二日，刊載於《Nature》期刊，《Evidence that the Great Pacific Garbage Patch Is Rapidly Accumulating Plastic》。

在這些垃圾裡面可以找到各種生活用品，像是舊牙刷、漁網、杯子、水瓶、食物袋、管子、包裝材料，有些甚至已經被海水和陽光分解成極為細小的塑膠分子。

這些垃圾從何而來？太平洋沿岸國家自然脫不了關係，尤其是中國，其海岸線長達一萬四千五百公里。但海岸線長並不代表影響最大，真正重點在於，這個**世界上人口最多的國家是世界工廠，長期以來回收許多工業化先進國家的塑料廢物**。直到二〇一七年十二月北京當局震怒，宣布禁止進口大部分的塑料廢物。

這個向來以稻米和綠竹聞名的國家，提供廣闊廠地和廉價勞工，在過去四分之一世紀的時間裡，總共回收一億七千萬公噸塑料廢物，約占全球進口總量的四分之三[55]。以前裝載印有「中國製」的冰箱、衣服或玩具的貨櫃，從上海、深圳等港口出發，數週後返程時，貨櫃載滿回收的包裝和塑膠廢料，如此一來還可以減少返程的空櫃率，相當符合經濟效益。

這種運作模式使富裕的先進國家避開廢料難題，只需外包給中國就解決。在全球化興盛時期，美國平均每天向中國輸出四千個貨櫃的塑料廢物，總體來說，歐洲九五%和美國七〇%的塑料廢物，被運往中國工廠回收再利用。

這些年中國願意回收全球廢料，當然是因為可以從中獲利。不僅減少返程空櫃率，更重要的是資源回收產業成本效益高。問題在於，中國本身製造的聚丙烯（polypropylene）和聚乙烯（polyethylene）廢料（二〇一六年為六千萬公噸），加上進口廢料（七百五十萬公噸），在沒有適當的回收基礎設施因應下，塑膠廢料很快就會在中國氾濫。最後將會導致部分塑料碎片，沒有確實在回收工廠妥善處理，而是被任意傾倒在大自然裡，尤其是流向太平洋的河流中。

根據德國研究人員指出，汙染全球海洋的塑膠垃圾，九〇%都來自十條河流[56]。這並不令人意外，因為世界上被汙染最嚴重的五條河流，有三條在中國[57]。長江的汙染最嚴重，它是亞洲最長的河流，沿岸聚集中國大量人口和當地經濟活動。長江全長六千三百公里，每小時吸納三十八公噸塑料顆粒，最終從上海偏北處匯入東海。

根據專家統計，中國每年向沿海水域，排放一百五十萬至三百五十萬公噸的塑膠廢料。這些廢料隨著潮汐、風和海流，在海上長時間漂流，最後到達距離長江口外七千公里遠的太平洋垃圾帶。換句話說，這些廢料的循環途徑，是從美國、德國或日本家庭的垃圾桶來到中國，再經由中國的河流，排放到北太平洋環流區形成垃圾漩渦。面對如此驚人的累積數量，

---

55 二〇一八年六月二十日，刊載於《Science Advances》期刊，《The Chinese Import Ban and its Impact on Global Plastic Waste Trade》，Amy L Brooks、Shunli Wang 和 Jenna R Jambeck 合撰。

56 二〇一七年，刊載於《Environmental Science & Technology》期刊，《Export of Plastic Debris by Rivers into the Sea》，Christian Schmidt、Tobias Krauth 和 Stephan Wagner 合撰。

57 分別為長江、珠江和黃浦江。

聯合國發出警告，如果不採取任何行動，預計到二〇五〇年，海洋的塑膠廢料將超過魚類。

中國已決定大刀闊斧杜絕惡源，特別是川普退出巴黎協定後，中國自視為全球新一代環保共主。更早之前，有位荷蘭年輕人柏楊．史萊特（Boyan Slat）想到解決海上垃圾的方法，他發明一種海洋吸塵器擋下塑膠垃圾，再開船到太平洋定點回收垃圾，還成立海洋清潔基金會（The Ocean Cleanup）。

中國嚴禁塑料入境，東南亞國家陸續跟進

不同於這位荷蘭年輕人的作法，中國直接關起大門，禁止外國廢料進口。事實上，中國在二〇一〇年便想擬定一套《綠色壁壘》（Green Barriers）法規，針對進口塑料廢物實施臨時限制。

由於實施順利，北京政府於二〇一八年二月通過新法強化實施，除了禁止進口大量塑料廢物外，還對塑料廢物的汙染提出更嚴格的管制標準。中國政府在各大港口使用 X 光機掃描貨櫃，若是無法掃描，就會強制打開查驗，一旦發現貨櫃內含塑料廢物，就會立即退給發貨人。

中國廢料進口禁令效率顯著，政策啟動一年後，阻擋了九九％的塑料廢物進口到中國。

中國政府這項政策，使全球製造廢料的先進國完全措手不及。製造大量垃圾，卻一直不在意垃圾處理問題的美國，各大城市頓時囤積大量垃圾。如果中國禁令繼續執行，到二〇三〇年，預計累積近一億一千萬公噸的塑料廢物，必須找到新地點回收處理。

中國的雷厲風行，使先進國家開始採取措施或加稅，希望遏止塑料消耗量。同時鼓勵發展循環經濟，投資資源回收，全面對抗廢料。但是在喚醒環保意識發揮效益之前，目前被中國拒絕回收的這些塑料廢物又該何去何從？其中一部分將被焚化，另一部分將運至地下掩埋場。然而，極大部分將另覓途徑運至東南亞港口。

不過，鄰近中國的東南亞國家，也陸續仿效中國禁止外國垃圾進口。二〇一九年春季，馬來西亞和菲律賓開始將裝載塑料廢物的貨櫃，退回給美國、澳洲或加拿大。二〇一九年五月在日內瓦舉行的會議中，一百八十六個國家同意加強管制塑料廢物，以降低汙染。

中國已宣布將繼續限制外國廢料進口。中國環保部部長表示，二〇二〇年，中國完全禁止廢料進口。實際上，北京政府正在跟時間賽跑，垃圾處理已成為其主要的環保挑戰項目之一。若中國再沒有發展出適當的資源回收系統，中國自己內部製造的垃圾仍然會繼續汙染太平洋，北太平洋垃圾帶將不會消失。

自從二十二年前發現太平洋垃圾帶以來，查爾斯．摩爾船長堅持反對塑膠材料的使用，但是，這位七十歲的聖地亞哥大學化學系畢業生不得不承認，短期間並沒有解決方案。最近他在《金融時報》[58]指出：「人類選擇不同的發展道路，塑膠製品數量不斷增加，特別是用完即丟的一次性塑料製品大行其道。」不幸的是，一項統計數據驗證他所說的話：在二〇一五年至二〇一七年期間，全球塑料產量增加八%，將近三億五千萬公噸，其中三分之一來自中國工廠。

58 二〇一八年七月二十六日，刊載於《金融時報》（*Financial Times*），《Life on the Ocean Waves or the Great Pacific Garbage Patch》，A. K. Thomson 撰。

第三十章

一張無法兌現的水產養殖場空頭支票——

法屬玻里尼西亞巴比提，晚上6點

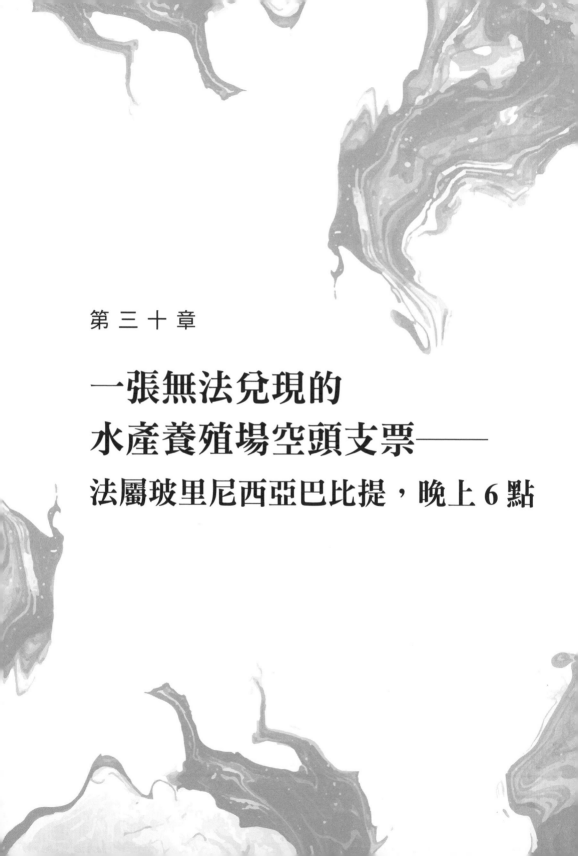

巴比提
Papeete

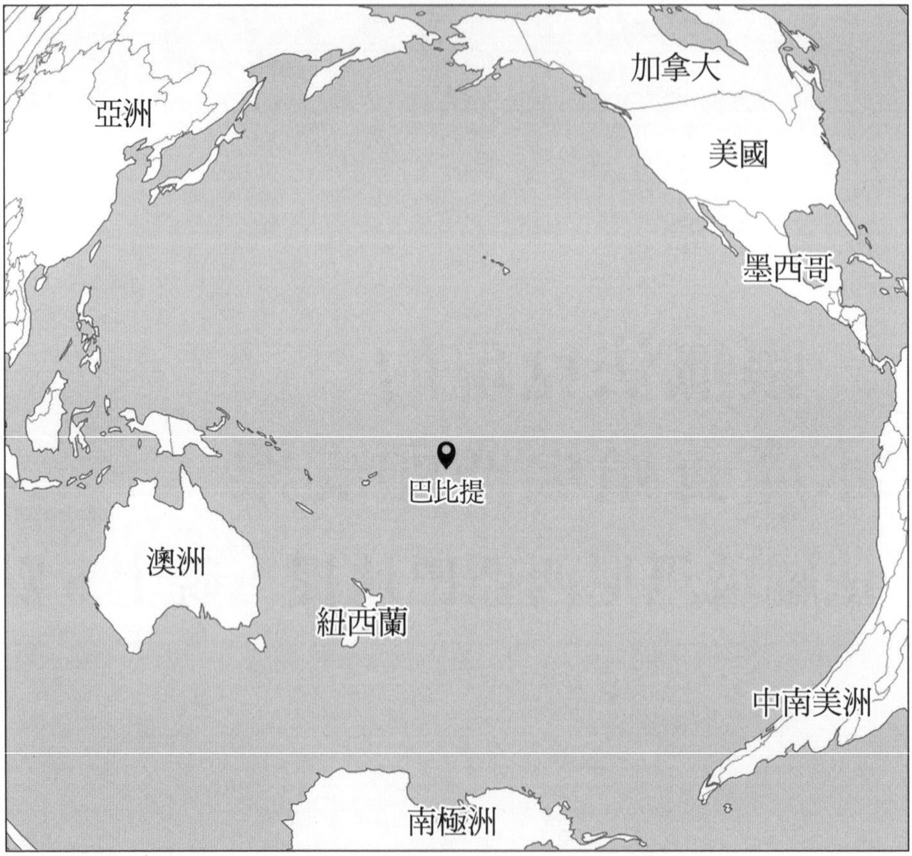

國家：法蘭西共和國
人口：65,569,000 人（截至 2019 年）
面積：643,801 平方公里
密度：116 人／平方公里

二〇一五年五月六日星期三，豪環礁（l'atoll de Hao）的所有居民都到齊，當地政府大部分的官員也都出席，這天是法屬玻里尼西亞群島的大型水產養殖場的開幕儀式。為了慶祝，還運來一塊重達十五公噸的巨石，上面刻著中國公司名字「塔西提努伊大洋食品公司」（Tahiti Nui Ocean Foods，簡稱TNOF），和紅藍相間的公司標誌。

市長西奧多・圖阿因尼（Theodore Tuahine）相當高興。在歡迎塔西提努伊大洋食品公司董事長王晨時說：「豪環礁，它是中國的一小部分。」豪環礁是在土阿莫土（Tuamotu）群島中心位置的小島。只見王晨頭戴草帽，脖子上掛著美麗的鮮花花環。這位上海企業家的巨額投資（十二億五千萬歐元），象徵豪環礁重新出發的起點。

豪環礁已沉寂多年，主要是一九九六年一月二十九日，法國總統席哈克（Chirac）決定終止太平洋的核試驗。豪環礁作為軍機後勤補給站有三十年之久。因為它是法國太平洋核試驗中心（CEP）的一部分，飛機由此地的空軍基地，往南飛到四百五十公里外的穆魯羅亞（Mururoa）和方加陶法（Fangataufa）環礁，進行核武測試。二〇〇〇年六月三十日，最後一批部隊撤離後，人口減少三分之二（現有居民約一千人）。由於缺乏經濟活動，失業率居高不下，豪環礁陷入停滯。

中國二〇〇九年表示，有興趣投資豪環礁潟湖區。當然，安撫民心是必要的，因為這家中國企業投資規模龐大，而且實施內容模糊不清，當地漁民、企業及團體都相當擔憂環境會被破壞。

法國出面解釋以減少民眾疑慮。政府官方對王晨表示熱烈歡迎，視其為藍色經濟（Blue Economy）的新領航者。大家不太認識這位投資者，只知道他自稱熟悉漁業，並在大西洋和太平洋地區具有豐富經驗。王晨承諾未來要發展三十五公頃大的水產養殖場，創造一萬個就業機會。他訂下目標，預計每年養殖五萬公噸的魚類產品銷往中國市場。其中三種主要魚類是石斑魚、花鰍和蘇眉魚。

王晨希望加快腳步。在開幕典禮上，他開玩笑說：「在中國，所有事情都能在一年內完成，但在這裡，所有事情都需要更長的時間。」因為即使當地政府批准，還需要獲得建築許可，才能蓋建築物並籌備營運，但他仍相信最遲在二〇二〇年能養殖出第一批中國魚類。

玻里尼西亞政府很信賴王晨，對他特別慷慨。除了由玻里尼西亞政府出資，在潟湖周圍修建一條環形道路外，塔西提努伊大洋食品公司還享有五年免租金（簽訂三十年的租約，可續約三次）。但最有利的是，王晨在二〇一八年春季將可受惠於一項新法，稱作《重大投資減稅優惠措施》。這是當地政府於二〇一七年底才設立的全新機制，未來該大型水產養殖場將是第一個受惠機構。

但是，王晨在這時卻不像之前那麼有野心，原先設定的投資金額大縮水（兩億六千六百萬歐元）。似乎需要更多的優惠才能吸引投資者，於是玻里尼西亞政府在二〇一八年四月六日的政府公報上，刊登塔西提努伊大洋食品公司享有的一長串免稅清單[59]。

二〇一八年五月三十日，法屬玻里尼西亞總督愛德華・弗里奇（Edouard Fritch），在首府巴比提（Papeete）歡迎王晨。當晚，他授予王晨大溪地努伊勳章以表彰其傑出功績。

在致辭中，他特別感謝中國人民對外友好協會（APCAE），該協會「堅定支持豪環礁的水產養殖計畫納入海上絲綢之路」[60]。來賓當中八個月前才抵達巴比提的中國領事沈智良，隨即鼓掌附和：「豪環礁，這個玻里尼西亞的小環礁，從此將在中國海上絲綢之路的地圖上閃閃發亮，這對中國來說很珍貴。」

第二天，豪環礁又舉行一次慶祝儀式，還有少林寺武僧表演，這次是慶祝動土儀式。然而，挖填的土方工程遲遲未有進展。大家紛紛議論計畫是否生變，或是因為中國經濟放緩以致延遲。

二〇一九年春初，距當初開幕儀式已過四年，豪環礁的民眾，仍在引頸盼望中國工人來

---

59 凡與核准投資計畫有關的商品、預製建築物和柴油，得免徵進口關稅和其他稅費（三十年），免除參與該計畫的非居民收入預扣稅、不動產的房屋稅和地價稅（三十年）、註冊費和轉移費（五年）、營業稅、營所稅、最低稅和資本利得稅（十年）。

60 資料來源：https://www.presidence.pf/discours_p/allocution-du-president-de-lapolynesie-francaise-lors-de-la-reception-donnee-en-lhonneur-de-tnof-et-delapcae/

建造水產養殖場。市長不耐煩的說：「他們已經讓我等四年，我累了。本來要大力推動這項計畫，但現在發現一開始就準備不周全，我們對於計畫內容完全不清楚。」[61]至於原先承諾水產養殖場九〇％的員工將僱用當地人，能否實現仍是未知數。

地方和國外的媒體都開始懷疑該計畫的可行性，中國人真正的動機是什麼？水產養殖場會不會是為了掩護中國進駐太平洋關鍵地帶？畢竟北京當局極欲擴大其在整個太平洋區的經濟和軍事影響力，因此一直尋找機會與太平洋島嶼聯盟，特別是具備基礎設施、礦業或漁業資源的島嶼。

豪環礁擁有一座跑道長達三千三百八十公尺的大型機場，又有深水港，正符合中國的戰略目標。玻里尼西亞政府倒是很放心，堅信該計畫一定會實現。

水產養殖場的空頭支票

二〇一九年三月，王晨和玻里尼西亞總督透過 Skype 會談，再次討論該計畫和時程表，這已經是第無數次的討論。網路社群媒體開始出現傳言。令人意外的是，二〇一九年三月，數十艘中國遠洋鮪魚漁船抵達巴比提港，引發當地漁民更深的恐懼，許多網友也懷疑中國船隻在玻里尼西亞專屬經濟區捕魚。抗議書在兩週便累計超過十萬人簽署。

由於爭議激烈，中國駐巴比提的領事出面平息眾怒，並公開發表聲明，否認中國人有任何非法捕魚行為。但有鑑於中國人在非洲和菲律賓沿海非法捕魚，玻里尼西亞人很難放心，認為中國人永遠不會在豪環礁蓋水產養殖場，而是會利用該地作為中國漁船的轉運港。

巴比提所在的大溪地島上居民有充分理由不信任中國的承諾。在過去幾年中，當地政府一直在打北京牌，但多數計畫石沉大海。例如二〇一五年十二月，有中國投資者打算投資兩億兩千五百萬歐元，在瑪哈娜海灘（Mahana Beach）蓋一間大溪地西海岸的大型酒店。但三位買家，包括 RECAS 環球有限公司、中鐵國際集團和富力地產集團，無法達成共識，幾個月後計畫告吹。三年來，當地政府一直為中國買家鋪上紅地毯，熱烈歡迎。

同時，另一家中企也在玻里尼西亞大張旗鼓。它是海航集團，也就是海南航空的母公司。海航集團在二〇一六年收購兩家著名的豪華酒店：希爾頓莫雷阿島度假酒店（Hilton de Moorea）和波拉波拉瑞吉度假酒店（St Regis de Bora Bora）。在此必須說明，近年在航空運輸、房地產和旅館業發展世界版圖的海航集團總裁王健，他與大溪地長期保持友好關係。在愛德華．弗里奇之前的前任總督加斯頓．弗洛斯（Gaston Flosse），三年前授予王健大溪地

61〈豪環礁水產養殖計畫：預計四月份約兩百四十個貨櫃〉，大溪地新聞網（Tahiti-Info.com），二〇一九年一月十六日。

努伊勳章。

這位中國企業家盛讚玻里尼西亞為「接近天堂」的地方，打算發展大型觀光旅遊計畫，包括與中國直航。二〇一七年十月二十一日，總督愛德華．弗里奇特地到機場的停機坪歡迎王健。是日，這位海航集團大老闆帶著兩百名領導幹部來到大溪地，分別乘坐兩架海南航空飛機，在波拉波拉島舉行工作研討會。

不幸的是，沒人預料到海航集團的故事很快就要畫下句點。二〇一八年七月三日，五十七歲的王健在法國沃克呂茲省（Vaucluse）的一處村莊旅遊時意外死亡。由於集團負債嚴重，急需出售海內外大部分不動產和公司。波拉波拉瑞吉和希爾頓莫雷阿島兩家度假酒店命運未卜，至於與中國的空中直航，已是過去式。

愛德華．弗里奇在二〇一五年到北京正式訪問期間，曾就中國未能兌現旅遊和水產養殖兩個主要合作項目，與中國政府進行討論。二〇一七年，玻里尼西亞總督，請求與北京關係密切的易立亞．歐迪諾（Hiria Ottino）協助重啟計畫。這位富有冒險精神的醫生在巴比提鮮為人知，但他其實是玻里尼西亞駐北京代表，十五年來一直替玻里尼西亞政府工作。二〇一六年，他當選為太平洋中國友好協會（ＰＣＦＡ）主席，任期三年。此後，這位玻里尼西亞總督口中的「中國通先生」，極力向太平洋地區各個島嶼美言中國。

然而，玻里尼西亞潟湖興起的中國浪潮已經退去，取而代之的是玻里尼西亞二十七萬五千名居民對中國的不信任。巴比提島的中國領事館租屋糾紛，更澆熄中國熱。該事件一開始只是房東與房客之間的普通糾紛，但到二〇一七年，租屋糾紛轉變成國家事務。

實際上，從二〇〇七年開始，中國領事館在巴比提南邊，普納奧亞區（Punaauia）的泰納（Taina）社區租用一間別墅。中方擅自改裝成辦公室，甚至在屋頂安裝大型衛星天線。女房東大怒，要求復原，但沒有結果。中國領事館甚至以「中國人民共和國領土」為由，禁止她入屋查看。

事件在網絡上轉傳並擴大延燒，最後必須由玻里尼西亞政府出面解決危機。經過談判，中國領事必須在二〇一八年夏季搬離該棟「蓮花屋」，全體中國的外交人員，在二〇一九年遷入巴比提一處有游泳池的別墅。媒體在報導這件房屋糾紛時，並沒有特別保護中國形象，發布的照片中，清楚顯示房屋屋頂架設的衛星天線，這只會讓玻里尼西亞人民更恐懼，擔心在太平洋區充斥性能強大的中國「耳朵」。

第三十一章

第一女子談判高手的餃子外交——

太平洋中南部島國紐埃島，下午5點

紐埃島
Niuē

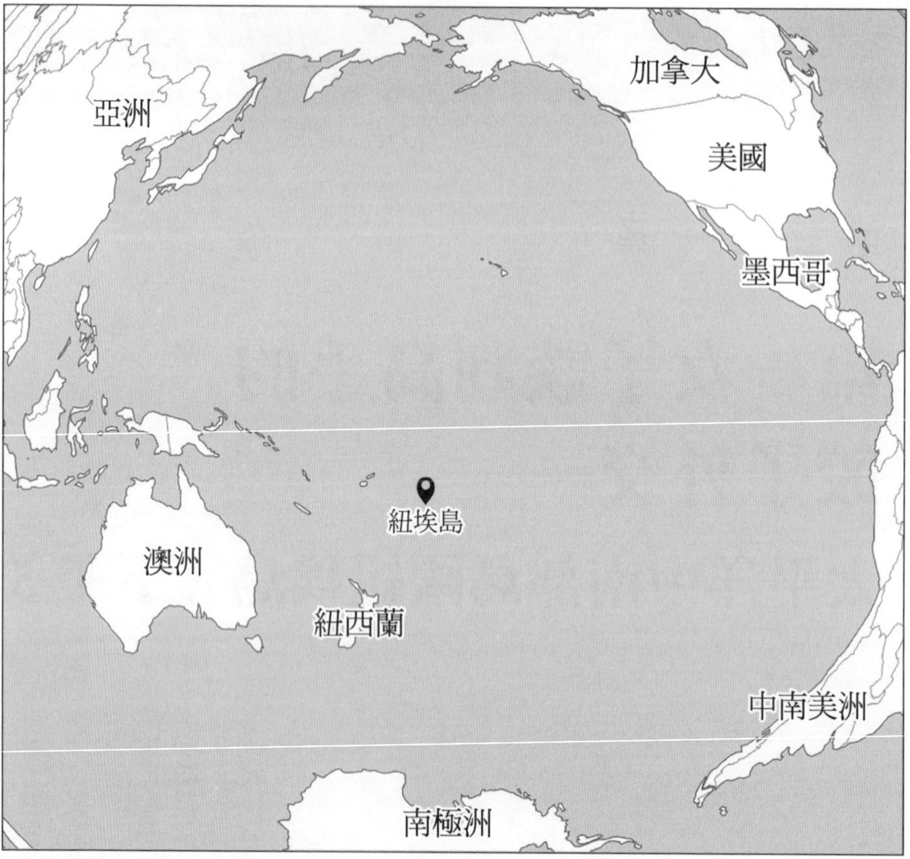

首都：阿洛菲
人口：2,000 人（截至 2019 年）
面積：260 平方公里
密度：5.35 人／平方公里

二〇一八年十月十九日是紐埃島（Niue）的重大節日。紐埃島又稱「太平洋之石」，島上居民共一千六百人，大家正在首府阿洛菲（Alofi）慶祝通過紐埃憲法四十四週年紀念日。男士們身著淺色西裝，女士們則是鮮豔連身裙，搭配花草編織的髮飾。來賓聚集在當天重新開館的新博物館前面，博物館內展示著海洋珍寶和當地難得倖存的民俗飾品，二〇〇五年熱帶氣旋赫塔（cyclone Heta）猛烈襲擊，致使島上的一切幾乎夷為平地。

為慶祝博物館建造工程結束，總理托克．塔拉吉（Toke Talagi）打破獨立紀念日儀式在議會舉行的傳統，改在博物館前。他的權限還不僅於此，因為紐埃是一個半獨立的國家，和紐西蘭為自由聯盟。托克．塔拉吉其實非常不悅，因為幾週以來，多管閒事的威靈頓政府責備他，認為他對該島公共資金管理不周，托克．塔拉吉等著今天獨立紀念日的公開場合表達他的不滿。

托克．塔拉吉拒絕升起紐西蘭國旗，也不想讓大家唱紐西蘭的國歌《天佑紐西蘭》（*God Defend New Zealand*）。在博物館前面帳篷裡的受邀賓客，也很開心的看著紐埃國旗和唱紐埃歌曲。當他發表正式談話，提到與紐西蘭的夥伴關係時，還不忘提到紐埃島的「新朋友們」。這位總理說：「我們必須改變一些舊有的習慣和做事方式，不能老是一成不變。」

坐在貴賓席第一排的紐西蘭官員輕咳幾聲，他幾個月前剛到紐埃島。坐在他旁邊的中國駐紐西蘭新大使吳璽顯得喜不自勝。從紐西蘭出發飛越兩千四百公里，接著要在這座熱帶小島待上一整週，她的辛苦會有代價的。她受邀參加所有活動，還利用機會秀廚藝。在當地盛大節慶的氣氛中，面前一群小學生們揮舞中國國旗，這位中國外交代表還做中國特色美食餃子，讓島上居民品嘗。

「餃子外交」，正如這位中國大使所稱，緊密連結紐埃和北京之間的新友誼。然而這一切可不是出於偶然，幾個月前中國就開始打點。例如，自掏腰包修復這座珊瑚環礁島上毀壞的道路。二〇一八年七月，紐埃與中國簽署海上絲綢之路協議。

紐埃島位於東加（Tonga）、薩摩亞（Samoa）和庫克群島（Cook）組成的戰略中心，不僅鯨魚和鯊魚時常游經，**這座前紐西蘭殖民地也是南太平洋重要島嶼之一，它擁有豐富的自然和海洋資源，中國一心想將其納入勢力範圍。**

趁美國疏離，開拓太平洋勢力

從十年前開始，中國政府對於這個島國的金錢援助一直沒少過。中國利用美國的疏離政策，趁隙頻繁接觸該區域的國家，從人力、企業或信用貸款等各方面深入進行。

憲法日慶祝活動過後一個月，在巴布亞紐幾內亞（Papua New Guinea）摩斯比港（Port Moresby）舉行的亞太經濟合作會議（APEC）會議，有一項政策特別引人注目。川普缺席並未親自參加該屆會議，而是由副總統邁克．彭斯代為出席，習近平將會議活動，轉變成中國展示其在太平洋勢力的場合。

摩斯比港到處充滿中國色彩，習近平在會外另行組織八個太平洋島國的首領高峰會，每個人都有機會和習近平合影，當然，紐埃總理托克．塔拉吉也是其中之一。

那天畫面極不平衡，令人很難不注意到。單薄的紐埃代表團僅三個人，面對來自北京的中國高階官員談論金融合約和貿易協定。而在他們身邊，吳璽女士顯然不容自己錯過任何交流細節。她不但餃子包得好，也是舉世無雙的談判高手。她從中國外交部北美大洋洲司的基層做起，一路爬升，曾經派駐澳洲、美國，對於太平洋區暗藏的祕密和令人覬覦的影響力遊戲，再熟悉不過。

紐西蘭記者戴夫．阿姆斯特朗（Dave Armstrong）[62]看到這些小島的領導人屈服於中國的利誘，憤怒說道：「這些忘恩負義的紐埃人，膽敢接受中國的慷慨捐助，他們稱作『餃子外交』，我看這根本是帝國主義的餛飩。」

面對中國無止境的野心，紐西蘭和澳洲決定採取行動。威靈頓和坎培拉政府在二〇一八

62《We Need to Speak the Truth to Our Friends, as Well as Our Enemies》，Dave Armstrong撰，紐西蘭新聞網站（Stuff.co.nz），二〇一八年十一月二十七日。

年同時重啟太平洋外交活動。先是澳洲總理前往萬那杜共和國（Vanuatu）和斐濟巡迴訪問後，接著年輕的紐西蘭女總理前往「鄰近」的島嶼，包括薩摩亞、東加及庫克群島，當然，還有紐埃島。

紐西蘭女總理傑辛達．阿爾登（Jacinda Ardern）怎能錯過這兼具國家外交和私人家庭的行程？事實上幾年前，身為政府高官的父親被任命派駐紐埃，她的父母親就住在這座小島上。當這位女總理與未婚夫於二〇一八年三月抵達紐埃島首都阿洛菲時，她向「她的第二故鄉」親切的打招呼。接著帶來各項福利，像是博物館工程。往紐西蘭的航班由每週一次，增為每週兩次，開通 4G 網絡、設立新的紐西蘭行政服務處。儘管該島面積僅兩百六十平方公里，仍列在紐西蘭的「重新啟動」太平洋計畫的優先名單。

但是，即使傑辛達．阿爾登願意卯足全力，以捍衛紐西蘭在南太平洋的領導地位和夥伴關係，仍須注意避免與北京正面衝突。年僅三十餘歲的紐西蘭總理很清楚，中國是他們僅次於澳洲的第二大貿易夥伴，不容輕忽。這位年輕領導人希望保護自己國家又滿足北京的需求，如同走在鋼索上，一邊阻止中國的華為申請競標紐西蘭的 5G 網絡工程，一邊在二〇一九年五月訪問北京時，毫不猶豫的決定簽下新絲綢之路協議。這項決定意義重大，因為它使紐西蘭成為該地區第一個跟隨中國腳步的西方國家。

不過，威靈頓政府喜歡製造驚喜。據說紐西蘭對中國的影響力相當反感，二〇一五年，紐西蘭是第一個加入亞洲基礎設施投資銀行的工業化國家，那家銀行是北京為坐實其財政權力而創造出來的「名堂」。不同於紐西蘭，紐埃島卻在二〇一九年三月加入亞洲開發銀行，這家銀行比較像是美國創造出來的名堂。

在這場複雜的太平洋區域勢力競逐中，面對中國勢不可擋的崛起，為了保險起見，可能每週都需要和不同的國家聯盟簽訂新協議。

第三十二章

通往北極的捷徑，中國龍與俄羅斯熊的新聯盟——

白令海峽，下午4點

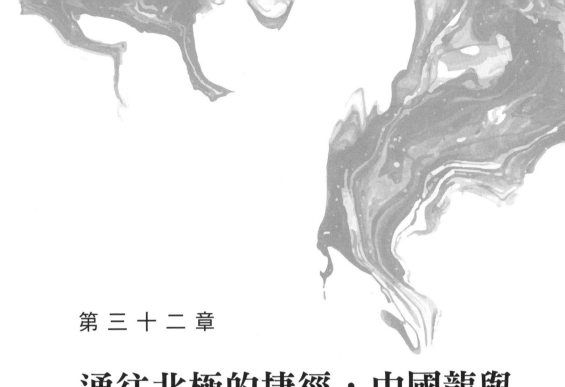

白令海峽
Bering Strait

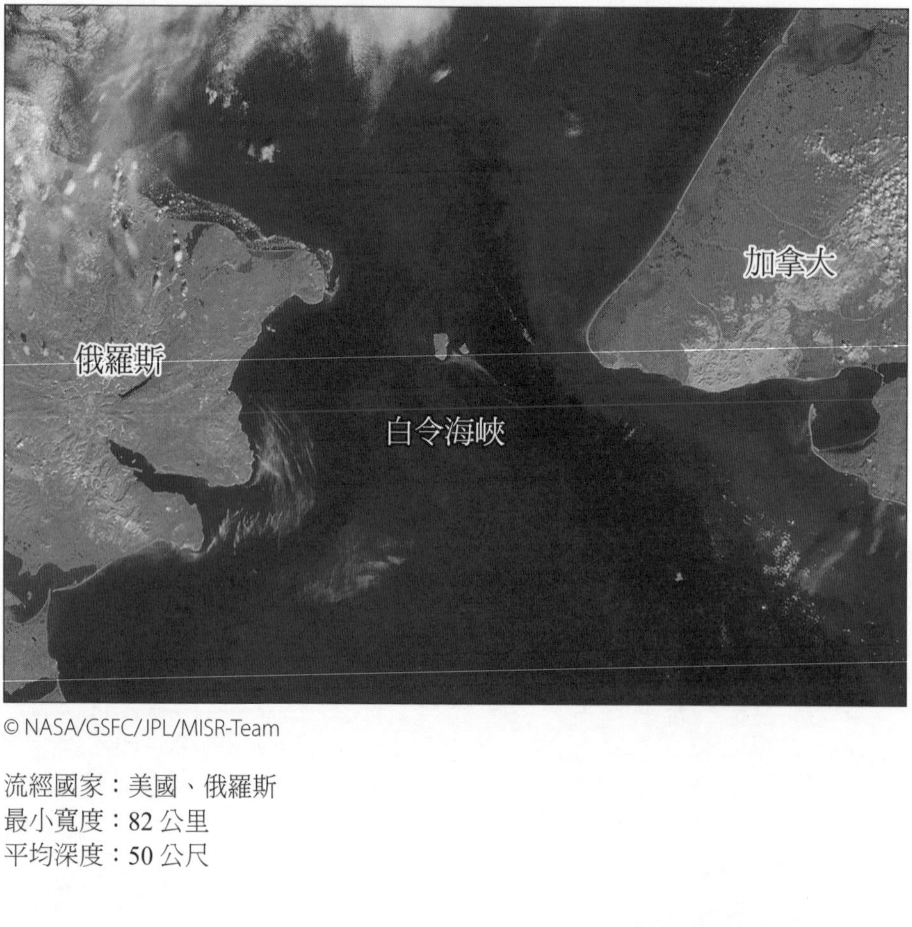

© NASA/GSFC/JPL/MISR-Team

流經國家：美國、俄羅斯
最小寬度：82 公里
平均深度：50 公尺

二〇一八年八月十七日星期五，越來越強勁的風勢在白令海峽捲起陣陣白浪，國際換日線就在此劃過。幾個小時前「天恩輪」已通過俄羅斯的普羅維傑尼亞（Provideniya）港口並緩緩駛離。在這艘貨輪的藍色船身上，白色字母清楚標示船東「中國遠洋海運集團」（Cosco Shipping）的名稱。這艘前往歐洲的貨輪，滿載著渦輪機和風力機，進入海峽最狹窄的部分，俄羅斯與美國在此僅相距八十二公里。

十三天前，天恩輪從中國連雲港（江蘇省）啟航，穿越日本海，越過北海道島北端的拉彼魯茲（La Perouse Strait）海峽，沿著堪察加半島，再駛入白令海峽。目前位置在西伯利亞和阿拉斯加之間，被每小時五十公里的風速吹向北極海的入口。該處是太平洋航道的終點，北極航道的起點，僅夏季可通航，蜿蜒穿過白令海峽和莫曼斯克（Mourmansk）港口之間的浮冰區，然後進入挪威海，這是亞洲和歐洲之間最短的航道。

幾個月前才離開造船廠的天恩輪，首次穿越北極東北航道。習慣上，前往歐洲的亞洲貨輪必須要經過馬六甲海峽，再取道蘇伊士運河。

然而，**中國遠洋海運集團的領導階層膽識過人。二〇一三年，他們派出第一艘貨輪「永盛輪」穿越冰山和冰冷海域，僅用二十一天就抵達鹿特丹，比傳統航道節省兩週的時間。**

從那時起，這家船隊規模達四百七十七艘的中國第一大航運公司，成為這條海上捷徑的行家，加上全球暖化更利於該捷徑航道的航行，平均能縮短四〇%的時間。為了發展北極航行，中遠海運特別打造新船，天恩輪長一百九十公尺，首航期間氣候多變，加上結冰比預期嚴重，因此特別艱困。為了安全起見，天恩輪部分航程由俄羅斯的核動力破冰船陪同。

九月五日，也就是航經白令海峽十九天後，這艘中國貨輪停靠在法國盧昂（Rouen）港，準備將風力機交給客戶。

北極冰下的熱門資源

二〇一八年，中遠海運派出八艘船舶，經由這條中國命名為「極地絲綢之路」的航道轉運歐洲。北京政府非常注重這條航道，希望將其轉變成戰略幹道，中國於二〇一八年一月發布的《北極白皮書》，裡面寫得非常清楚。這條極地路線不但使運往歐洲的貨運節省時間和燃料，它還具有一項重要的戰略利基，它可以成為中國經由馬六甲海峽和蘇伊士運河的替代航道。第三項優勢是，它開通探勘北極海豐富自然資源的道路。覆蓋在冰下數十億立方公尺的天然氣和石油，讓中國和該區域的其他強權都垂涎三尺。

然而，中國並非北極地區的國家，卻已經在北極爭奪賽中領先一大步。當然，中國人不能單獨貿然行動。他們必須找俄羅斯人合夥，俄羅斯意圖控制通道並認為所有權歸屬俄羅斯。但中國不這麼想，認為這條航道的海域是屬於大家。然而普丁和習近平畢竟都是注重實際面，於是暫時撇開彼此的猜忌，兩位領導人清楚現階段更重要的是共同合作，包括科學、工業和經濟方面。

俄羅斯掌控資源的關鍵通道，中國人口袋滿滿準備大舉開發。於是兩國偕同法國石油集團道達爾（Total），從二〇一七年開始在俄羅斯的亞馬爾（Yamal）半島發展液化天然氣生產中心。該計畫耗資兩百七十億美元，進行速度創紀錄，一艘又一艘超現代油輪在北極航道破冰而行，準備運往中國和日本的客戶。

總計自二〇一三年中遠航運首艘貨輪通過北極航道以來，貨運量持續增加，到二〇一八年將近兩千萬公噸。但仍與蘇伊士運河相去甚遠，蘇伊士運河在二〇一九年一月分，單日就有七十二艘船舶經過，貨運量達五百萬公噸！兩者相較，蘇伊士運河不到一週便超過北極東北航道一年的貨運量。

其實不論中國或其他國家的私人航運公司，都不急著航行白令海峽。因為近年來，油價相對較低，且穿越東北航道和意外天候造成的風險令人擔憂，所以許多船東並不想去極地冒險。但在北京和莫斯科，顯得胸有成竹，並且堅信極地的時代來臨。

二〇一九年四月，在聖彼得堡舉行的國際北極論壇（International Arctic Forum）上，普丁表示，通過北極海航道的貨物運輸量，到二〇二五年將增為四倍。普丁欲將這條航道變成極地高速公路，要實現這項目標，俄羅斯必須仰賴現代化的北極地區港口、全球暖化的浮冰消退，還有石油價格上漲。

從一項事實可看出俄羅斯的積極行動，目前已擁有三十餘艘破冰船，居世界第一的俄羅斯，即將大幅提升破冰船隊的現代化技術。但中國也不用忌妒，因為中國在二〇一九年推出「雪龍二號」後，已準備建造第一艘核動力破冰船。

在白令海峽東側的美國，不安的關注中國龍與俄羅斯熊的新聯盟，特別是兩位領導人公開展現雙方的關係非常親近。二〇一九年六月，習近平到莫斯科進行三天訪問時表示，普丁是他「最好的朋友」，並贈予兩隻貓熊，回想在過去六年，這兩人已會面三十餘次。兩國之間的經濟關係持續加強[63]，從俄羅斯連接到中國的西伯利亞天然氣管道，預計二〇一九年完工，電信設備製造商華為已獲准到俄羅斯建設5G網路。

二〇一九年六月初，西方各國領袖齊聚莫斯科大劇院，參加諾曼地登陸七十五週年紀念活動時，美國當然也注意到習近平和普丁正慶祝著「莫斯科—北京」軸心成形。實際上，這一切都是俄羅斯和中國的北極圈戰略演習。

後來，五角大樓擬訂增加北極地區的軍事人員，並考慮在白令海建立港口。至於美國海岸警衛隊，由於只有兩艘老舊的破冰船，等待好幾個月，終於在二〇一九年春季通過預算，開始進行研究功能更強大的新型破冰船。

在二〇一九年四月二十二日，美國最新發布的白皮書當中，負責監視和保護美國領海的美國海岸防衛隊釋出警訊。美洲的兩個鄰近強國俄羅斯和中國，都宣布將「北極」地區列為國家優先事項，他們在北極投資，意圖增加影響力。原先遵照規則所建立的國際秩序，不斷受到來自這兩個國家的挑戰，令人擔憂北極地區的和平受到威脅[64]。

緊張局勢的焦點顯然是在寒冷的白令海峽，也就是未來極地航線的起點。根據美國海岸防衛隊資料指出，這些航行路線需要穿過相當狹窄且水深很淺的白令海峽，和平時期容易發生擱淺及相撞，衝突時期則容易變成戰略必要通道。

二〇一五年九月，中美兩國之間並沒有發生衝突，然而美國國防部官員證實，有五艘中國海軍艦艇出現在白令海峽，當時美國總統歐巴馬正在阿拉斯加視察。美國方面當然不會相信中國軍艦行經該地是為了打招呼。

63 請參閱第二章。
64《美國海岸防衛隊北極戰略展望》，二〇一九年四月。

第三十三章

北京死對頭，臺灣的盟友——馬紹爾群島，下午4點

馬紹爾群島
Marshall Islands

首都：馬久羅
人口：75,684（截至 2018 年）
面積：181 平方公里
密度：340.85 人／平方公里

宛若天空向太平洋灑下慶典的五彩小紙花般，化身成六十幾座小島礁散落在太平洋，組合成「朗格拉普環礁」（Rongelap）。朗格拉普環礁的土地面積為二十一平方公里，圍繞著中央約兩千六百平方公里的潟湖，它是馬紹爾群島共和國的二十九個環礁之一。

據估計，島上居民約二十人，最高海拔為三公尺。從空中看下去，幾乎無法辨識它的輪廓。再靠近一點，看到有一條長長的飛機降落跑道，承載著過去沉重的烙印。從冷戰初期開始，這片土地就是美國與蘇聯之間的核武競賽場地。

從一九五三年三月一日開始，美國在馬紹爾群島進行一連串核試驗。在第一次核爆試驗過後整整兩天，美軍才疏散約六千名居民。其中數十人因為爆炸後的放射性沉降物而嚴重受傷，多人因此喪生。美國從未公布任何正式報告。三年後，居民獲准返回環礁。但在一九八五年再次遷移，因為當地水質和土壤的汙染情況，嚴重威脅居民健康，一些人道主義組織揭露此事，其中綠色和平組織指出，他們懷疑美國當局將島上居民當作白老鼠實驗，以便研究核爆後的放射性沉降物對人體的影響。

相隔半個世紀後，這個世界盡頭的小角落再次捲入強權爭鬥的核心。馬紹爾群島在一九八六年獨立，二〇一八年十一月十二日，這個擁有七萬三千名居民的小共和國經歷歷史性的時刻。八名參議員對馬紹爾群島總統希爾達．海妮（Hilda Heine）提出不信任投票，二〇一八年十一月十二日，由三十三名參議員組成的小型議會進行投票表決，總統希爾達．海妮僅以一票之差驚險過關，總算保住位子。表面上，反對派是為了指控總統堅持推行加密虛擬貨幣。

希爾達·海妮總統在二〇一八年宣布，國會通過將實施國家加密貨幣，以期降低小國對美元和華盛頓政府經濟援助的依賴。實際上，追溯這場不信任投票風波的真正起源，和反對派的一項提案遭到總統反對密切相關，該提案既混亂又含糊不清。

就在即將舉行不信任投票的前三天，馬紹爾群島總統打破沉默接受紐西蘭廣播電臺訪問，並揭露這八名議員要將她趕下臺的真正原因。據其稱，發起不信任投票，主要是為了懲罰她在幾個月前否決朗格拉普環礁的一項開發案。該提案擬將朗格拉普環礁改造成小型的香港，設立特別行政區，享有免稅並簡化外國投資者的簽證手續。該計畫是由中國商人嚴凱瑞構思，他也是馬紹爾群島公民，並且早就開始在環礁上租用許多地段。希爾達·海妮政府否決該提案，批評免稅特別行政區有可能進行洗錢活動。

在接受紐西蘭廣播電臺的訪問時，這位總統表現更為直接。她強調：「有鑑於太平洋地區的地緣政治環境，我們應該謹慎行事，我認為政府必須盡職，確保維護太平洋主權，這很重要。」**馬紹爾群島是中國在太平洋地區瞄準的目標**。她繼續說道：「實際上，不信任投票和朗格拉普環礁特別行政區或簡稱RASAR的提案有關，這是某些外國利益集團企圖控制我們的環礁，要在我們的國家內建立另一個國家。」

讓環礁從孤立中走進全球經濟

自一九九六年開始，美國當局批准在衛生保健高度控制下重新安置環礁居民。該計畫歷時十餘年，但成效不彰，小島上仍舊一片荒涼，朗格拉普環礁市長詹姆斯．馬塔約（James Matayoshi）對此非常失望。總統希爾達．海妮懷疑他參與策劃成立特別行政區。詹姆斯．馬塔約自一九九五年首次當選以來就全心投入環礁事務，他採取多項行動試圖振興朗格拉普環礁，並爭取美國核試驗受害者的賠償金。

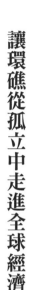

二〇一八年四月，他前往香港向中國人推銷其特別行政區計畫。他在數百位企業家、投資者和政治人物面前舉行一場大型演講。他的夢想是在這座核試驗舊地建造一個新的杜拜，吸引商人和觀光客前來，也能為居民帶來工作機會，最後與祖宗傳下來的這片土地融洽相處。在接受當地媒體訪問時，他描述自己的夢想：「讓環礁從孤立中走出來，進入全球化的經濟。」

出現在中國網站上的廣告，宣稱在朗格拉普環礁已預售一千戶房屋，並稱買家「不僅擁有房屋，還可享有特別行政區未來的所有優勢」，將該地喻為天堂。其中的優勢包括有可能獲得馬紹爾公民身分，按照美國和馬紹爾之間的協議，馬紹爾公民可以自由進出美國領土。就像鄰近的密克羅尼西亞和帛琉，馬紹爾群島也享有這些優勢，交換條件是同意美軍在這些島上設立專屬基地。

最後，美國駐馬紹爾首都德萊普－烏利加－達利特（Delap-Ulliga-Darrit）大使很快就做出反應，表示對改變環礁的計畫嚴重擔憂。澳洲和紐西蘭政府等美國主要政治和經濟盟友則認為，朗格拉普環礁是中國野心勃勃的新絲綢之路目標之一，意圖透過鐵路、公路和海上連貫全球。

馬紹爾群島周圍的太平洋小國，有幾個跟隨北京政府的計畫，展開基礎設施的建設。在二〇一九年春季，這些小國對中國的債務累計達到一億三千萬美元。像是東加積欠北京政府的債務就占其國內生產毛額四三％。

中國在太平洋地區看中的並非僅限經濟方面。太平洋深處蘊藏的寶貴資源對其深具吸引力，在該地區無論是陸上或海裡，中國都要立下里程碑。而且中國正利用日益增長的勢力，強迫該地區國家的外交政策遵從中國觀點，尤其是**在臺灣問題上。馬紹爾群島目前仍然是北京死對頭的盟友**。二〇一七年十一月，臺灣總統蔡英文到帛琉進行訪問，帛琉因此付出昂貴代價。因為北京政府為了報復，下令其旅行社刪除帛琉所有行程。對於大部分收入依賴觀光的帛琉，打擊甚為嚴重。

自第二次世界大戰結束後，許多太平洋島嶼已變成獨立小國，如今再次成為世界兩大強權的戰略地帶。

第三十四章

斷交的骨牌效應——索羅門群島首都荷尼阿拉，下午3點

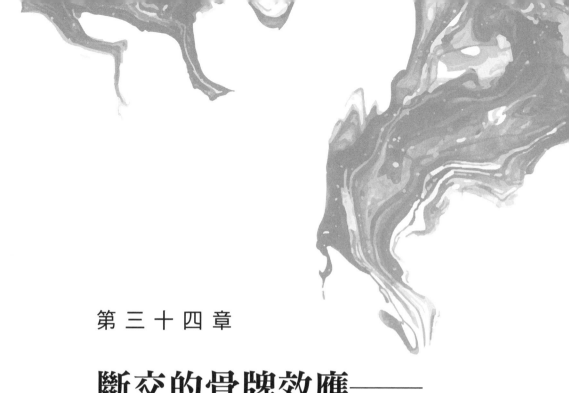

荷尼阿拉
Honiara

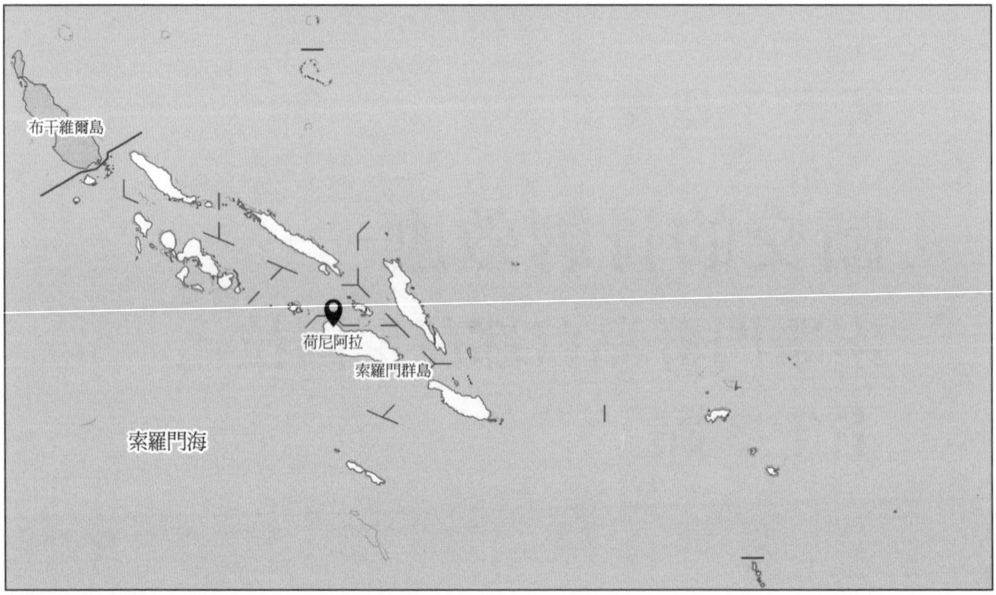

國家：索羅門群島
人口：660,121 人（截至 2018 年）
面積：28,896 平方公里
密度：18.1 人／平方公里

二〇一九年四月二十五日，索羅門群島舉行國會選舉後，梅納西．蘇嘉瓦瑞（Manasseh Sogavare）再度當選，這也是他第四次擔任索羅門群島總理，選舉結果公布後幾個小時，臺灣外交部即對「這位臺灣的老朋友」發出賀函恭喜連任。臺灣發言人說：「我們對兩國未來關係感到樂觀。」

但在索羅門群島首都荷尼阿拉（Honiara），氣氛顯然不歡喜。如同二〇〇六年大選後第二天，荷尼阿拉的中國城遭到燒毀。蘇嘉瓦瑞一向被認為是當地「政治鯊魚」，六十四歲的他重返政權，當地再度發生暴動，民間團體反對中國商家掌控當地經濟，政府最後出動警察強力制止抗爭。大選過後氣氛緊繃，事實上，整個選舉活動期間都瀰漫令人難以忍受的氛圍。因為與臺灣建交近二十年之後，索國越來越多的政治領導高層表明意向。多位政治人物表示臺灣已成歷史，他們已經準備轉向新的金主——北京。

在此情況下，蘇嘉瓦瑞的當選應該是對臺灣有利的，臺灣可以鬆一口氣。繼非洲、加勒比海和中美洲多國斷交[65]，臺灣領導人知道，他們必須努力經營少數太平洋島國。具體來說有六個：諾魯（Nauru）、吉里巴斯（Kiribati）、帛琉、馬紹爾群島、吐瓦魯（Tuvalu）和

---

65 與臺灣斷交的五個國家：布吉納法索、聖多美普林西比、多明尼加共和國、巴拿馬和薩爾瓦多。

索羅門群島。也就是說，世界上總共有十五個正式承認中華民國的國家[66]，其中有三分之一是太平洋島國，索羅門群島是這些太平洋島國中人口最多（六十四萬居民）且面積最大（相當於比利時）的國家。

自二〇〇三年與索羅門群島建立密切關係以來，臺灣領導人一直很慷慨。定期訪問、捐贈和各種政治資助（每年約九百萬美元）。臺灣很懂得照顧朋友，二〇一六年當選的蔡英文總統也不例外。在索羅門大選前一個月，臺灣承諾會贊助興建二〇二三年在索國舉辦的第十七屆太平洋運動會場館，二〇一九年七月，臺灣一家營造公司與索國政府簽署工程合作備忘錄，將承建容納一萬兩千個座位的體育場。

但是現在，面對中國在大洋洲的攻勢，已無法確定過去的做法是否仍然管用。臺北和索羅門之間的友誼岌岌可危[67]。與索國同在大洋洲美拉尼西亞（Melanesia）的鄰國（萬那杜共和國、斐濟、巴布亞紐幾內亞）都加入「新絲綢之路」，中國一直希望索國敞開大門。

臺灣外交屢遇瓶頸

中國近年來在索國大量投資，對該國經濟影響甚鉅，甚至取代澳洲（以些微差距）成為其第一大貿易夥伴，**中國囊括索羅門出口總額的三分之二（臺灣僅一％）。這片以天堂般的**

潟湖和海灘聞名的太平洋瑰寶，其熱帶林木帶來的綠色黃金，是中國伐木業所覬覦的對象。二〇一七年，索羅門群島向中國出口兩百萬立方公尺的原木，相當於十年前的兩倍。中國大型林業公司濫伐林木，且為了輸送便利，在島上砍伐森林，開闢數千公里的道路，嚴重危害當地環境。

北京的胃口不限於原木。中國的國營企業中國土木工程集團，以及中國港灣工程有限公司也參與其中，雙方簽訂建設一所國立大學的合約中，內含修建道路工程的合約。二〇一七年，索羅門政府宣布已簽署一項合約，**由著名中國設備供應商的子公司，華為海洋網絡有限公司**[68]**，建造索羅門和澳洲之間長達四千公里的海底電纜。澳洲政府的安全部門甚感不安，他們幾個月以來一直警告索羅門該方案的危險性，這將使華為可以進入澳洲網路，從事網路間諜活動。**

夏初，澳洲祕密情報局（Australian Secret Intelligence Service）局長親自前往荷尼阿拉，

---

66 除了六個太平洋島國，還有史瓦帝尼王國（非洲）、梵蒂岡（歐洲）、瓜地馬拉、尼加拉瓜、宏都拉斯、巴拉圭、貝里斯、海地、聖克里斯多福、聖露西、聖文森及格瑞那丁（拉丁美洲和加勒比海地區）。

67 索羅門群島與中華民國自一九八三年建交。二〇一九年九月十六日，索羅門群島內閣決議與臺灣斷交，轉向與中華人民共和國建交。

68 請參閱第十七章。

終於成功阻止這項協議。幾個月後，澳洲和索國議定新的計畫，委由一家美國公司承包未來的海底電纜，並由澳洲支付大部分的建造費用。當時的索羅門總理被懷疑收受華為四百萬歐元佣金，二〇一七年十一月以不信任投票被迫下臺。那位總理就是梅納西・蘇嘉瓦瑞，一年半以後，他再度重登元首寶座。

然而，臺灣期待能與這位「朋友」再次合作，蘇嘉瓦瑞卻是意向不明。他在剛上任時宣布「暫時與臺灣維持現狀」，但明確表示將重新決定未來的邦交對象。臺灣想要確保長期邦交關係，但沒有達成（按：已於二〇一九年九月與臺灣斷交）。

不僅澳洲和臺灣擔心中國在南太平洋地區的影響力日益擴張。美國也沒有遺忘第二次世界大戰期間（一九四二年八月至一九四三年三月），瓜達康納爾島（Guadalcanal）戰役的慘烈犧牲，尤其是又聽到一項驚人消息，更觸動美國緊張神經。

二〇一八年五月，澳洲媒體報導，索羅門最大島瓜達康納爾島與中資洽談，要將前美軍釋出的「亨德森」機場改建升級，作為觀光樞紐，以應付觀光人潮。面對強烈抗議，索國政府作罷。但是瓜達康納爾島市長安東尼・維克（Anthony Veke），仍準備與中國合作，他定期到廣東省訪問，並派遣專員到廣東省接受水產養殖培訓。

在這場新的瓜達康納爾島戰役中，美國沒有有力論據。華盛頓政府擴大援助，對太平洋島國撥款超過三億五千萬美元。在索國大選前幾週，川普於二〇一九年三月趕緊派遣兩名高階官員造訪荷尼阿拉。同時，世界銀行承諾撥款五千一百萬美元，協助索國機場的現代化工程。這些遲來的禮物見證美國重新關注太平洋地區，但足以阻止中國向太平洋地區挺進嗎？

二〇一九年三月二十四日星期日，在臺北有一場足球比賽，體育館內幾乎沒什麼人。身穿綠色球衣的索羅門隊伍對戰藍色球衣的臺灣隊伍。兩支球隊已經二十年沒碰頭了。那天，雖然臺灣隊伍在國際足球總會的世界排名比對手前面，最後仍以一比零落敗。這項挫敗也許已預告臺灣的另一項挫敗，當然就意義上來說更沉重，即外交領域的挫敗。暗地裡沉潛在太平洋潟湖底下的中國，隨時伺機而動。

第 三 十 五 章

貓熊外交，
比微信更有力——
澳洲大城坎培拉，下午 2 點

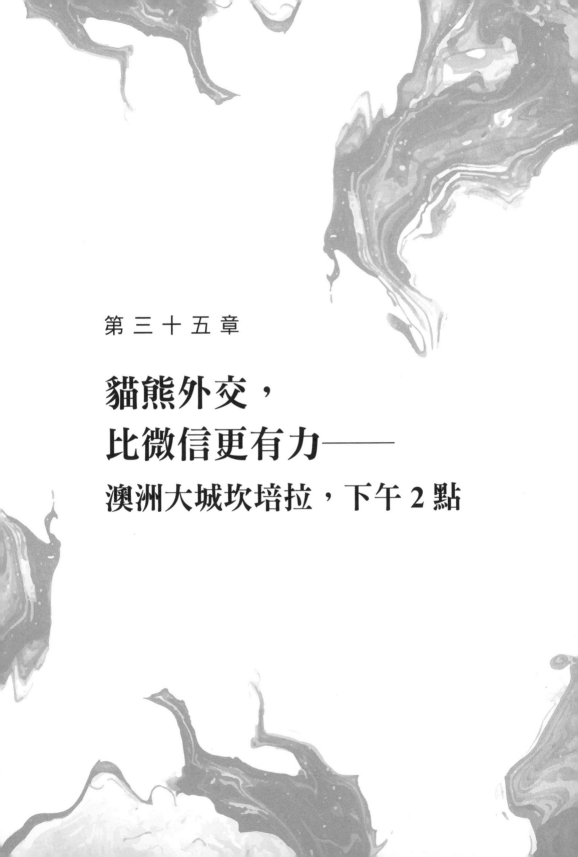

坎培拉
Canberra

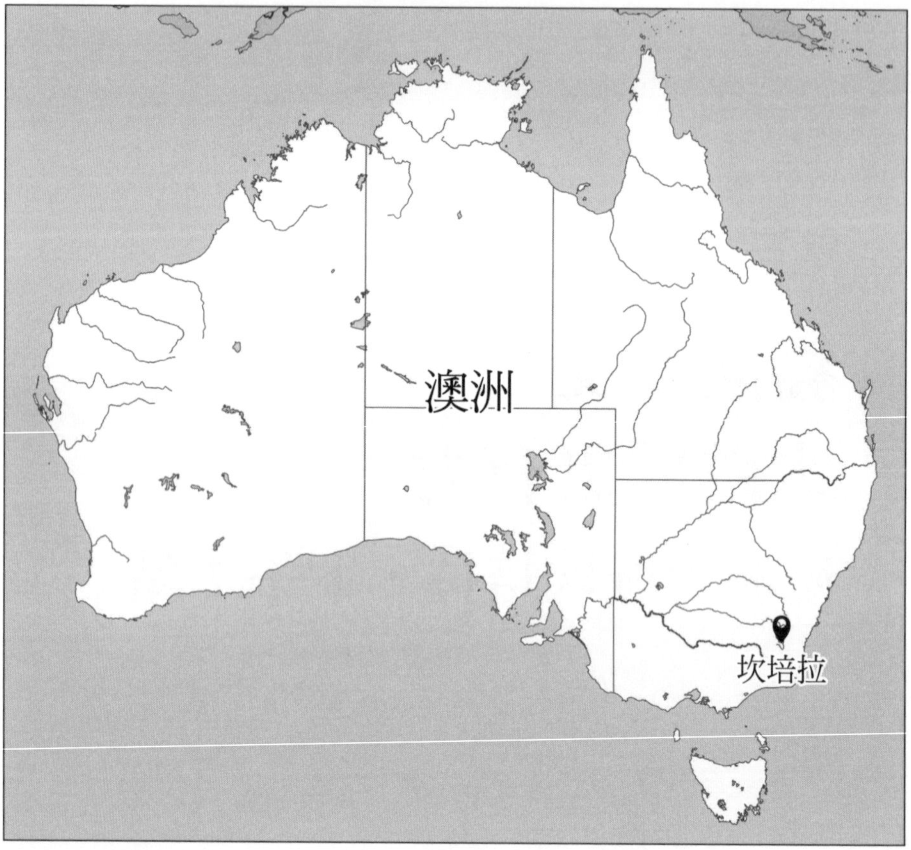

國家：澳洲聯邦
人口：25,220,000 人（截至 2020 年）
面積：7,692,024 平方公里
密度：3.2 人／平方公里

「大家好，我是比爾．薛頓（Bill Shorten），非常歡迎您提出看法與批評，並告訴我六週後的大選您會投票給工黨的原因。」二〇一九年三月二十七日星期三，澳洲即將在五月十八日進行投票的聯邦大選競選活動剛開始，反對派領袖透過鍵盤發出第一則訊息。那天，薛頓在他的微信（WeChat）帳戶進行一場直播問答活動，有五百人參加（這是微信群組人數的上限）。創建直播的團隊說：「這就像議會質詢一樣。」

由於微信訂閱者大多都來自中國，所以幾乎都以中文和這位澳洲政治人物溝通。其實，薛頓並非第一個使用中國社群網站的工黨高層。在他之前，前任工黨領袖凱文．拉德（Kevin Rudd），在二〇一三年擔任澳洲總理時已經先在微信開設帳號。在對手陣營裡，自由黨總理史考特．莫里森（Scott Morrison），特別選在二〇一九年二月一日中國農曆新年時，在微信上向居住在澳洲的華裔民眾拜年。

兩大政黨陣營互相較勁，澳洲新的政治擂臺賽不在臉書或 WhatsApp，而是在微信。它是由騰訊（Tencent）總裁馬化騰於二〇一一年創立的社群網站[69]，現已成為中國最強大的通訊工具之一，每月超過十億用戶。透過微信，大家可互傳訊息、影片或照片，也可用來購物、支付員工薪資或預訂火車票。多功能合一的應用程式，讓它在中國及海外華人圈大受歡迎。

69 微信為張小龍的發明，可參閱《微信傳奇張小龍》，大是文化出版。

在全國兩千五百萬人的澳洲，二〇一九年約有一百五十萬個微信帳戶。它的用戶主要是華人圈（估計有一百二十萬人，占全國總人口的五%，但在某些特定選區占一〇%至一五%的選民人數）。

微信如何左右選情？透過微信平臺，大家可以更了解薛頓和其競爭對手莫里森關注的議題。但中國的社交媒體是一把雙面刃。雖然透過它能方便和華裔選民對話，但澳洲政府對於其使用規範卻無權可管，因為微信不是普通的社交網路。即使在澳洲，微信仍必須遵守中國法規，特別是共產黨的審查，同時還要機靈的扮演好中國政權宣傳媒介的角色。

二〇一六年，海牙國際法庭就南海紛爭，做出不利於中國的判決，隔日，在短短數小時內，澳洲華人就利用微信，動員組織抗議該判決的示威活動。二〇一九年春季，微信突然大量散布澳洲大選有關消息，並再次引起人們懷疑中國藉此進行政治干預。

北京觸角四處延伸，各地毫無喘息之日

類似指控過去也發生過。自二〇一五年以來，坎培拉和北京之間的關係已從蜜月期進入冷戰期。澳洲向中國敞開大門，驚覺中國觸角已延伸到全國各個領域時，已經有些遲了。

首先是政治領域。多年來，中國持續捐款給澳洲兩大政黨，以利遊說澳洲政府。穿梭其

間的中間人多為華裔澳洲人，他們與中國政權關係良好，負責在澳洲組織募款餐會和動員僑民。

在經濟方面，中國人在被譽為袋鼠之國的澳洲，就像在自家一般。自從中企登陸澳洲以來，投資項目遍及澳洲各行各業，包括農場、房地產、礦業。二〇一八年，中國在澳洲累積資產達到一千零五十億美元。在不動產方面，中國投資者擁有澳洲數百萬公頃的土地。

二〇一六年，上海中房置業有限公司與澳洲最有錢的女富豪，聯合收購澳洲最大的牧場。該牧場位於澳洲內陸，面積相當於奧地利，擁有十八萬五千頭牲畜。更往南，離阿得雷德（Adelaide）不遠，在著名的巴羅莎（Barossa）山谷的棕櫚樹和尤加利樹下，我們聽到越來越多人說著中文。該地區十分之一的葡萄酒莊是中國人經營的。

這股投資熱潮將中國推升至澳洲第一大貿易夥伴，占出口額三分之一，遠超過澳洲向日本、美國、韓國和印度累計的銷售總額。這說明中國在澳洲經濟占有不容忽視的地位。除了出口和投資收入外，坎培拉政府還可以寄望十二萬五千名的中國學生，他們每年繳交的學費達七十億歐元，占該國大學預算很重要的一部分。

中國觀光客就更不用說了，越來越多的中國人喜歡到澳洲鄉下享受當地風土民情，或是去塔斯馬尼亞（Tasmania）逗逗小袋鼠。最重要的是，中國觀光客口袋滿滿。二〇一八年，有一百三十萬人次的中國觀光客在澳洲酒店、飛機和餐廳消費，為澳洲經濟貢獻了八十三億美元。

這些來自中國人的龐大收入，說明澳洲領導階層的難為之處，在面對公眾對北京的批評聲浪中，他們仍需與中國保持良好關係。但該國的情報機構嚴正指出，必須遏止中國影響力在澳洲繼續發展，澳洲對這條亞洲巨龍依賴的程度將招致風險。尤其是中國對澳洲的控制已遠超出傳統的經濟管道，舉凡研究實驗室、孔子學院、中澳媒體或敏感的科技和電信產業，無一不是中國作為遊說的管道。

早在二〇一五年，澳洲安全情報組織（ASIO）便發出警訊，提醒澳洲政治人物，有某些華裔澳洲富商和中國共產黨關係密切。澳洲情報局嚴密監控。二〇一七年，總理麥肯·滕博爾（Malcolm Turnbull）公開譴責「外國干預澳洲政治」。

澳洲安全情報組織提交給議會的年度報告說得更直接，但仍未直接點名中國，最後結論：「我們確定有外國勢力在幕後操弄，企圖將澳洲公眾、媒體和政府官員的意見看法，引導至有利於推動該國政治目標的方向。在澳洲的某些民族和宗教團體也受到其祕密行動的影響，目的是壓制這些團體對所涉外國國家的不滿言論。這些國家的行動威脅我們的主權、國家機構的公正和公民權利的行使[70]。」

北京政府反控坎培拉當局損害兩國之間情誼。二〇一七年十二月，《環球時報》（*Global Times*）發表一篇社論，稱澳洲方面的說法是「麥卡錫主義的症狀」[71]（McCarthyism）。澳洲和中國之間，即使已經劍拔弩張，生意還是照常做。最後，澳洲終於決定投票通過新法，規範間諜活動，禁止來自國外的政治獻金，嚴加控管外國投資。坎培拉政府果斷的否決華為參與澳洲網路建設，雖然很清楚這些舉動不僅會惹毛北京政府，在澳洲的「中國俱樂部」（China club）遊說團也必然不悅。

澳洲領導人了解，如果不是因為與中國的貿易蓬勃發展，澳洲不可能躲過經濟衰退而安然度過近三十年。不過，二〇一八年中國在澳洲的投資急遽下降，創近十年新低。究竟是兩國之間冷戰所造成，還是僅因中國經濟放緩？

目前，兩國關係仍然緊繃，但對話並未中斷，最佳證明就是澳洲政客們紛紛開通微信帳戶。中國社群網路是否影響二〇一九年五月的選舉結果？很難說，澳洲「中國俱樂部」的影響力已超越傳統的政治範圍。

二〇一九年五月十日選舉結果出爐，原本即將卸任的自由黨總理莫里森意外獲勝，連他本人都稱之為奇蹟，這項結果證明支持其對手薛頓的中國遊說團不足以動搖最後防線。對北京政府更不利的是，這位澳洲總理在新的任期，將強化華盛頓與坎培拉政府之間的關係，並

70 《ASIO年度報告二〇一六年至二〇一七年》，二〇一七年十月。

71 《West Suspicion of China Infiltration Absurd》，環球時報，二〇一七年十二月十二日。

計畫於二〇一九年九月拜訪美國總統川普。

不過，有一點是很明白的，此刻絕不是談論兩國貓熊貿易的時候。二〇〇七年，中國國家主席胡錦濤訪問雪梨，並出席亞太經濟合作會議時，向當時的總理約翰·霍華德（John Howard）餽贈一對貓熊作為禮物，以聯繫兩國之間良好關係——澳洲和中國剛簽署一份鈾礦出口合約。

實際上這份禮物不是完全免費。澳洲每年必須支付中國一百萬美元，作為租借兩隻貓熊的費用。分別名為網網和福妮的兩隻大貓熊，自二〇〇九年十一月到達阿得雷德動物園已經十年，牠們很可能就要離開。還好租借合約即將到期，否則面對北京與坎培拉之間的矛盾衝突，兩隻大貓熊首當其衝。不過事情後來的發展令人驚喜，二〇一九年四月，在北京的祝福下，澳洲聯邦政府最終延長租約五年。看來，貓熊外交的確所向無敵。

第三十六章

世界上最厲害的駭客，中國人民解放軍——

日本東京，下午1點

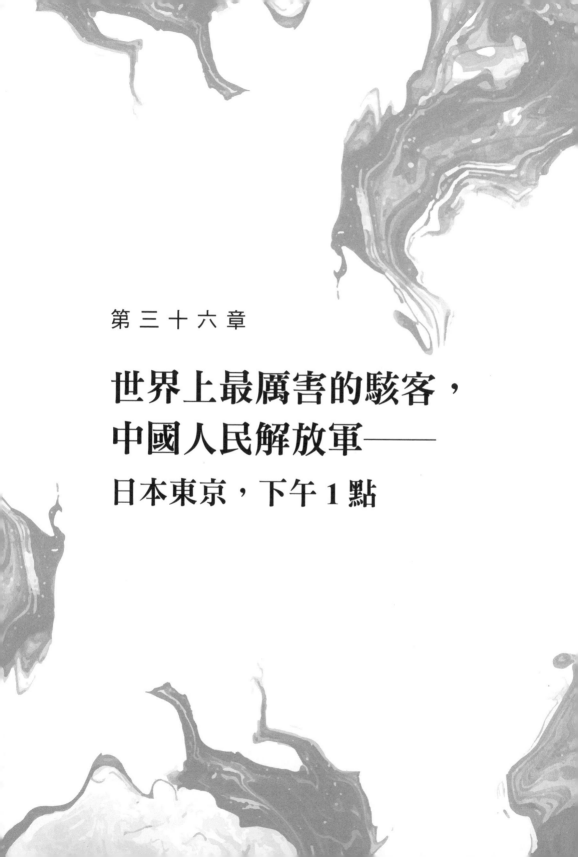

東京
Tokyo

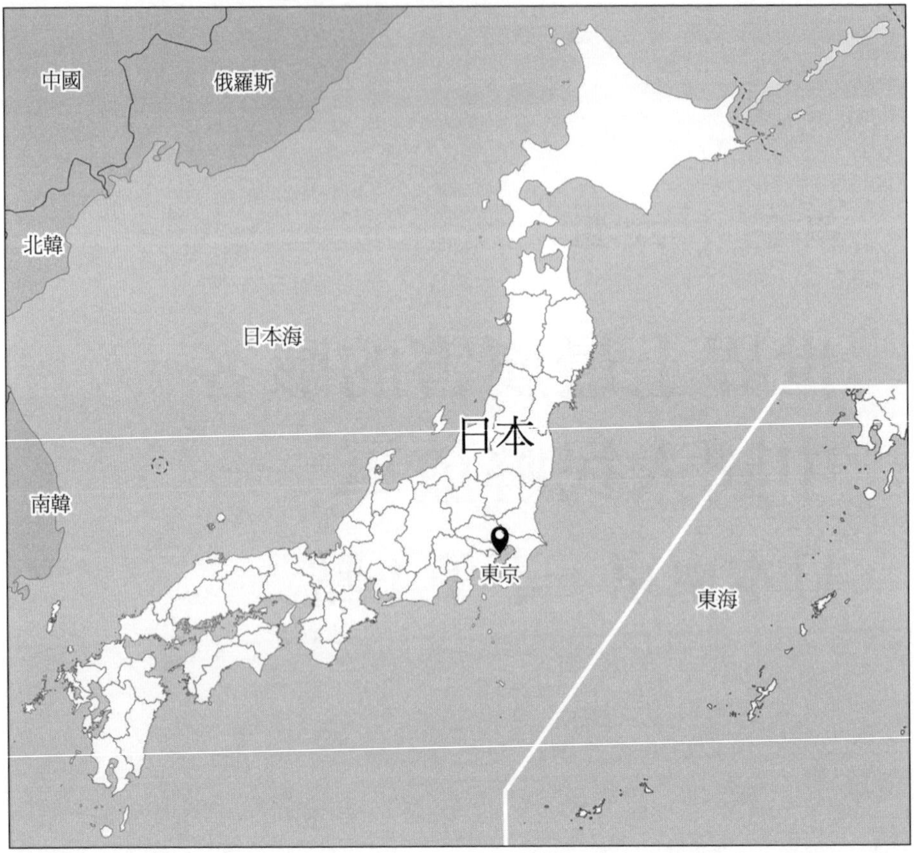

©Maximilian Dörrbecker

國家：日本國
人口：126,140,000 人（截至 2019 年）
面積：377,962 平方公里
密度：336.22 人／平方公里

約瑟夫・卡里根（Joseph Carrigan）艦長是一位優秀的美國海軍軍官。他在日本海和太平洋執行數十次任務，每一次都順利完成。直到二〇一七年一月，這位英勇軍官的美好前程在幾小時內瓦解了。在其指揮下的美軍飛彈巡洋艦「安提坦號」（USS Antietam）於東京灣入口處擱淺，就在離第七艦隊停靠的橫須賀（Yokosuka）美國海軍基地不遠處。此次事故沒有造成人員傷亡，但是有大量的液壓油流入日本海。幾週後，卡里根艦長被解職。

事件原本可能就此被漸漸淡忘，但沒想到不久之後該區又發生類似事故。五月九日上午，美國飛彈巡洋艦「尚普蘭湖號」（USS Champlain）在朝鮮半島以東的國際水域巡邏時，與韓國拖網漁船相撞，當時風浪略大，能見度降低。這是極為罕見的事故，美國海軍對此發表正式說明：漁船的收音機和GPS定位系統可能同時發生故障。雖然再次造成損失，但所幸沒有人員傷亡。

然而，六月十七日，美軍導彈驅逐艦「費茲傑羅號」（USS Fitzgerald）在橫須賀基地附近，與一艘菲律賓貨櫃輪相撞，造成七名官兵殉職。兩個月後，另一艘美國驅逐艦在新加坡海岸附近撞上油輪，十名官兵罹難。一連串令人難以置信的相撞事件震撼美國第七艦隊高層，該艦隊司令海軍中將約瑟夫・奧克林（Joseph Aucoin）因此提前退休。

但是，第七艦隊的不幸也引起全球網路安全研究人員的關注。事件的發生過於巧合，而且地點又是在美中兩國的緊張地帶，有幾位專家極度懷疑美國軍艦遭到網路攻擊。這項假設沒有獲得證實，但曾經是德軍官兵、現於羅森集團（Rosen Group）擔任顧問的導航系統專家史蒂芬・格林（Stephan Gerling）表示，他深信美國海軍早就被一個規模非常大的資訊技術組織鎖定攻擊。而且要執行這項行動，必須具有強大的設備，目前似乎只有北京才有能力部署。

專家認為，中國和美國是現今全球兩大網路強國。俄羅斯、伊朗，以及美國在此領域的優先合作夥伴以色列，也表現非常傑出，但這些國家的網路破壞能力根本無法與美中兩大國相比。

斯諾登事件揭露美國網路監控的方法和手段，美國在其親密的盟友，澳洲、加拿大、紐西蘭和英國的互助下，對全球進行監視並蒐集情報，尤其是在精於數位通信系統的情報機構，即美國國家安全局（NSA）內部。許多書籍和好萊塢作品已談論很多美國的相關做法。但是，很少有文獻會提到中國人如何定位他們的巨型數位天線，並以幾近工業化的規模收集信息。

美國國家安全局前副局長克里斯・英格里斯（Chris Inglis）用辦公室遭人闖空門為例，做了一個有趣的比喻。他說道，俄國間諜會讓所有東西表面上看起來都原封不動，只在咖啡杯中留了一支煙頭當作簽名標記。伊朗人和北韓人砸碎門窗後，會拿走一半的辦公家具。至於中國間諜，他們會帶走所有桌子、椅子、櫥櫃，只留下一間空屋。

中國網路勢力，足以癱瘓美軍

二〇一三年，美國網路安全公司麥迪安（Mandiant），針對中國軍事情報組織和功能深入研究，並發表有關中國電子監控的第一份報告。根據該研究報告，**至少有十三萬名中國人民解放軍參與各種級別的網路間諜活動。而且參與人數很可能持續增加。**麥迪安已明確記錄約十二個辦公室，其中之一可能具備足夠能力可使美國軍艦失去控制。

麥迪安的研究人員對其中的第二個辦公室特別感興趣，他們甚至找到這支特種部隊的總部：在上海浦東工業區一棟十二層樓的建築物內。約一萬兩千平方公尺的辦公室，兩千多名最優秀的電腦工程師在那裡活動，**他們是世界上最厲害的駭客**。據麥迪安的資料顯示，**這些人英文流利，專精數學和集成電路設計，且喜歡團隊合作。**

據稱該精英單位可能是全球網路間諜活動最活躍的團體。六年來可能已經滲透一百四十多家私人企業或政府機關的通信網路，擅長深入滲透信息系統和海量數據。中國軍方的網路專家利用魚叉式網路釣魚（spear phishing）技術，混合社交工程（engineering social）和網路釣魚，透過電子郵件將惡意軟體傳播到電腦。

中國人是這項技術的專家，據稱，網路上近四分之一的網路釣魚軟體，是由中國人民解放軍從上海發出的。法國核電阿海琺集團（Areva）是最著名的受害者之一。阿海琺受到網路監控至少持續兩年，這讓中國在二十一世紀初，無需阿海珐集團的授權許可，便輕易取得其專業知識，成功建造中國自己的核能發電廠。

中國不但精通網路戰爭的攻擊技能，同時擅長保護其國家電信基礎設施。不僅可審查和控制中國網路用戶之間的交流，也可讓中國在緊急情況時切斷與全球網路的連結。二〇一六年，中國軍方為了要進行一次全面測試，將中國網路與全球網路隔絕。該測試實驗持續整整十五分鐘，沒有任何中國網路用戶發覺網路被切斷。因此，中國有能力阻絕來自國外的大規模網路攻擊。

網路空間已經成為繼陸地、海洋、天空和太空之後的第五個戰場。第三次世界大戰很可能發生在網路上，大國的政治領導人對此深信不疑。二〇一五年九月，時任美國總統的歐巴馬和中國國家主席習近平達成網路安全協議，同意停止兩國網路攻擊與反擊繼續升級，以避免兩國之間普遍存在的數位衝突。這位北京強人在該次訪問華盛頓期間，與美國總統單獨會談幾個小時，並參加晚宴，結論是同意停止網路入侵。中國領導人說：「對峙衝突將會帶給雙方損失。」

根據這項協議，禁止兩國為了讓國內企業占得先機，竊取智慧財產。華盛頓政府過去曾指控，中國人民解放軍的網路士兵從事祕密行動已有數十年。特別是自一九八六年三月，由一群中國研究人員發展的八六三計畫。數字八六三代表當時中國共產黨中央總書記鄧小平批准該計畫啟動的年月，包括有系統的獲取國家快速發展的必要技術，使中國不需依賴西方。中國全力發展該計畫，在太空、資訊或生物科技等領域都獲得大幅進步。美國指控幾位中國科學家和士兵從事經濟間諜活動和竊取智慧財產權。其中有六人列在美國聯邦調查局二〇一九年強力緝捕的網路罪犯名單中。

美國警方指控北京政府是駭客組織的幕後黑手，二〇一五年六月，駭客侵入美國政府人事管理辦公室（OPM）的資訊系統，該辦公室管理政府人資，並監督每年聯邦公務人員績效體系。經統計，美國政府有超過四百萬名公務員的個人資料因此外洩。

就習近平來說，他當然對川普有微詞。美國網路的精銳部隊採取行動，對抗中國操縱網路空間。但是，大多數的時候，這些任務都是祕密進行，並不會像軍艦在日本海那樣醒目。

第 三 十 七 章

馬雲一出手，中國瘋榴槤——

馬來西亞旅遊大城文冬，中午 12 點

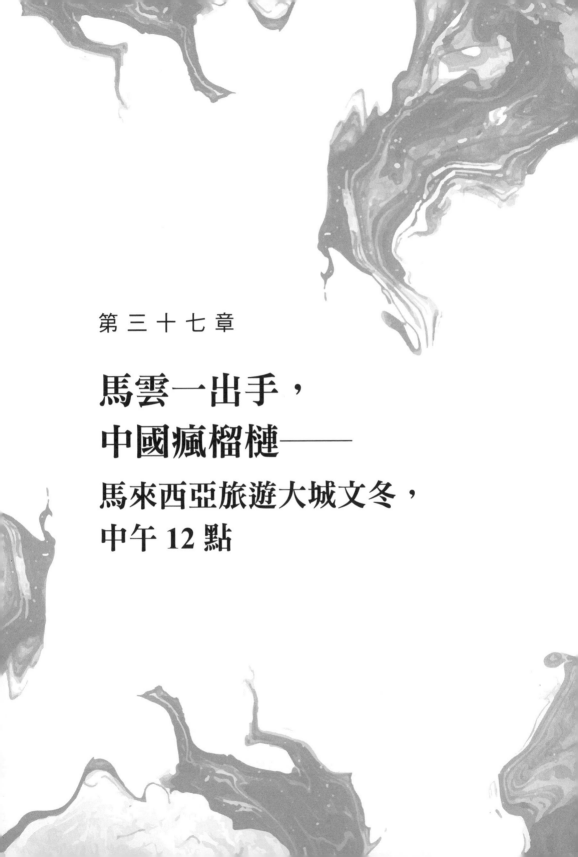

文冬
Bentong

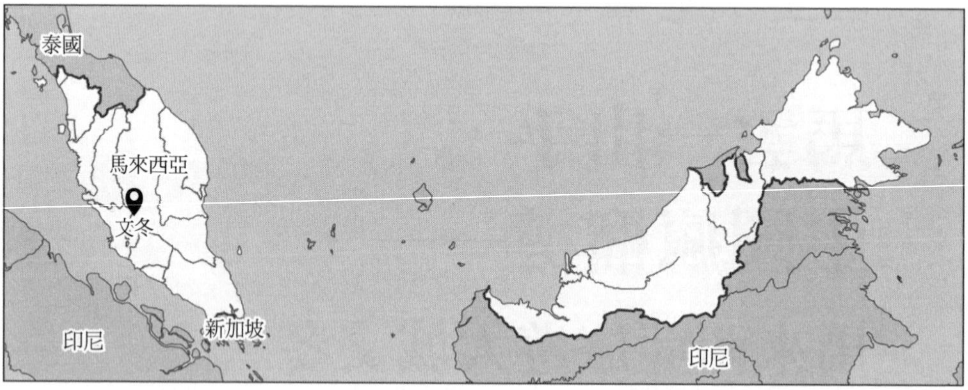

國家：馬來西亞
人口：32,580,000 人（截至 2019 年）
面積：330,345 平方公里
密度：92 人／平方公里

二〇一七年十一月二十五日星期六，一群穿著T恤和短褲的中國觀光客，穿梭在文冬的大馬路上，週末市區攤販林立，炙熱的日頭讓大家都想躲往攤販的藍色布棚下遮蔭。這時節，文冬的國際榴槤觀光文化節才剛開幕，所有旅館在幾週前都被訂光了。來參觀的人有的出於好奇，有的是美食愛好者，也有人純粹度假。

來自世界各地超過五萬人，湧入馬來西亞位於吉隆坡東北八十公里的這座小城市，期待用最划算的價格買到這富有魔力的水果，它現在已成為馬來西亞的新黃金。在彭亨州（Pahang）榴槤產銷協會的攤位上，人們把它堆得像一座高高的金字塔，只要看到那長橢圓形外殼上滿滿的尖刺，便知道是榴槤了。濃烈到令人作嘔的氣味似乎沒有讓遊客卻步，許多遊客圍坐在一個大碗面前，碗內裝滿剛切好的金黃果肉，愉快的享用。這是一道奢華的點心，一份要賣馬幣四十三令吉（ringgits），相當於一公斤九歐元。珍貴的產地標籤，證明它來自榴槤界的「明星品種」——貓山王（Musang King）。

貓山王果肉如乳脂般細膩滑順又略帶苦味，是馬來西亞才有的品種，近幾年大受中國人喜愛，價格也因此飆升。濃郁的氣味令人又愛又恨，這種水果在北京或上海已成為餐飲時尚不可或缺的元素。有榴槤優格、榴槤披薩、榴槤餅乾，還有榴槤冰淇淋。榴槤大受歡迎主要是因為中國急速竄起的中產階級。榴槤專賣店利用其特殊的水果香氣，研發各種新品美食。至於明星品種貓山王，一顆可以賣到八百人民幣。這樣的高價也沒嚇跑中國饕客。十年來，中國的榴槤進口量平均每年增長三五%，二〇一七年進口總值超過十億美元。

截至目前為止，中國進口產品大部分來自泰國。馬來西亞出口商是從二〇一一年才開始出現在中國，但產品市占率仍然很低。馬來西亞希望迎頭趕上，計畫到二〇三〇年將國內產量提高一倍，並且在中國的銷量將提高五〇%。據馬來西亞農業部長估算，出口到中國的榴槤，有望為馬來西亞每年帶來一億兩千萬美元的收入。這個目標是可以達成的，而且要歸功於一群中國商人。尤其是中國網路巨頭阿里巴巴貢獻良多。

馬雲一出手，八萬顆榴槤一掃而空

阿里巴巴總裁馬雲於二〇一八年四月到泰國旅行時，在不到一分鐘的時間內，他就在網路平臺上賣出八萬顆榴槤。幾個月後，阿里巴巴與馬來西亞供應商簽定合約，準備在線上銷售馬來西亞的冷凍榴槤。阿里巴巴的中國競爭對手京東（JD.com）購物網站，在二〇一八年六月舉辦「超級榴槤日」，在二十四小時內狂賣四百二十八公噸從泰國進口的榴槤。看來，馬來西亞的榴槤想要征服中國，可要加把勁。

榴槤價格高漲讓馬來西亞農民樂不可支，一公斤的貓山王可賣馬幣六十令吉（十三歐元），比十年前貴三十倍。由於利潤可觀，整個馬來西亞都轉向生產榴槤。同時，作為文冬榴槤節共同主辦人的中國，同意馬來西亞在中國銷售新鮮和冷凍榴槤。在此之前，馬來西亞只准出口榴槤果肉和榴槤做成的糖果到中國。自二〇一七年，馬來西亞農業部長受邀參加在中國南方南寧市所舉辦的榴槤節以來，兩國之間的「榴槤外交」全面展開。這是非常流行的外交手法。成千上萬的中國人在南寧市排隊好幾個鐘頭，等著品嚐由馬來西亞部長帶來的著名貓山王。所幸這位部長準備充分，他帶了五公噸的榴槤。

中國市場在二〇一七年宣布開放，兩年後開始實施，引發馬來西亞的投機熱潮。無論是小型栽種者、棕櫚油製造商、房地產投資客，都想趁機賺一筆。理由很簡單，因為一公頃的土地，種植貓山王的利潤是生產棕櫚油的九倍，更何況棕櫚油的價格不斷下跌。

結果，在政府的鼓勵下，以前小農栽種的榴槤，加速轉變為工業化生產。馬來西亞總理馬哈地．穆罕默德（**Mahathir Mohamad**）於二〇一八年八月說道：「現在是我們大規模生產榴槤的時候了，單在中國就有十四億人喜愛這種水果。」

位置適合種植的土地價格跟著水漲船高。據新加坡《海峽時報》[72]（*The Straits Times*）報導，在文冬以北約三十公里的勞勿縣（**Raub**）地價在一年內翻了一倍。在馬來西亞北部的吉蘭丹州（**Kelantan**）和中部的彭亨州（文冬即該州第三大城），推土機剷光熱帶雨林用

72《Durian Dash: How Investors Are Eyeing the World's Most Controversial Fruit》，海峽時報，二〇一八年一月二十日。

來種植榴槤。

然而，這股延燒的「水果之王」熱潮並非讓所有人都感到高興。泰米爾（Temiar）部落原本生活在吉蘭丹州話望生縣（Gua Musang）的叢林，新移入的榴槤種植者將其驅趕，他們被迫收拾行囊。這個半游牧民族於是設置路障，防止種植者通過，但當地政府把路障撤走。迫使當時的總理馬哈地．穆罕默德緊急前往協助，並在二〇一九年一月對當地政府提起訴訟。

馬來西亞的環保組織發出警告，大量種植榴槤將破壞環境，森林變成種植土地已威脅到馬來虎的棲息地，瀕臨絕種的馬來虎數量正在不斷減少。但是，眼見榴槤生意帶來的白花花銀子，保育老虎或尊重原住民權利已無暇顧及。在馬來西亞，鈔票聞起來有一股特別味——水果之王的氣味。

後記

中國文昌航空基地——2029 年 10 月 1 日，中午 12 點

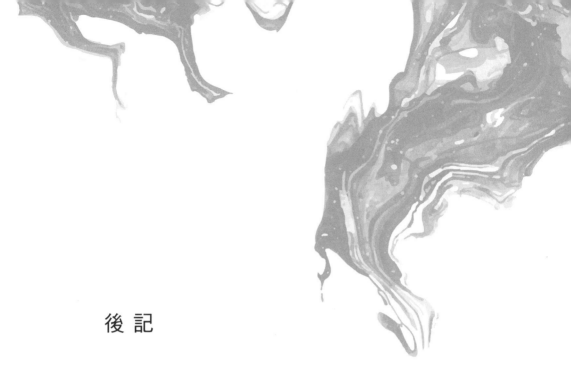

習近平前往南海，要到海南島的文昌太空站。據稱，基於後勤考量，有段時間他都在中國共產黨的北京總部辦公室裡追蹤所有事件。不過今天，這位七十六歲的領導人無論如何都不會錯過這歷史性的一刻：北京時間中午十二點整——兩名太空人金東和楊汪踏上月球。十億多的中國人正在觀看現場直播畫面，並且在全世界同步播出，這是在中國掌政十七年以來，習近平時代的巔峰時刻之一。

這位世界上最有權勢的人鞏固自己的權力，將其對手一個接一個打敗，杜絕所有政治爭端，並且規定全世界都使用新浪（sina）聊天機器人。最重要的是，二〇一八年，中國通過一項憲法修正案，國家主席可無限期連任，這是自一九八二年和鄧小平時代以來最重要的修憲，特別是刪除國家主席的任期限制。歷經十年後，他原本應該在二〇二三年卸任，但他現在可是將自己視為終身主席。

在阿姆斯壯登上月球相隔六十年之後，兩位太空人的壯舉立下中國征服太空計畫的重要里程碑。全新的國際太空站是在二〇二二年開始啟用的，這是一個偉大計畫，該太空站完全由中國獨自營運，而且自從二〇二四年，美國、俄羅斯和歐洲國家共同營運的舊太空站關閉以來，它是現在唯一的人類太空殖民地。這項新的設施，加上即將部署的月球站，中國將得以實現其終極目標：到了二〇三六年即將首次載人登陸火星探索。

在全球都中國化後，銀河系也開始進入中國時代。在地球上，中國無處不在。中國利用在印度部署數十億美元的龐大基礎設施建設計畫，同時在兩國邊界繼續施以軍事壓力，已成功阻擋印度經濟增長。在西部戰線上，中國耗費數千億美元投資人工智慧，其技術優勢已超過對手美國。

現在，所有體育賽事都由中國主導。中國在二〇三〇年即將舉辦下一屆男足世界盃。為此還特別建造八個巨型體育場，每個體育場可容納十四萬名觀眾。據專家評估，中國男子足球隊經過歐洲最優秀的足球俱樂部訓練，擁有出色的培訓系統，因此進入決賽的機會很大。

在藝術方面，上海雙年展已成為當代藝術的國際盛會。中國還主導電影界，其製作的大片在世界票房屢創佳績。在進軍好萊塢電影產業卻成效不彰之後，中國的第七藝術產業決定靠自己的力量，特別打造世界上最大的拍攝基地，位於浙江省上海南邊的「橫店影視城」。

隨著新一代中產階級在中國興起，中國的生活藝術有了自己的品味，注重個人休閒娛樂。著名四川美食對戰法國主廚，而雲南香格里拉祕境的優良風土，醞釀出中國頂級葡萄酒——敖雲（Ao Yun），成為葡萄酒愛好人士的珍釀。過去中國億萬富翁到波爾多收購葡萄園的時代已經結束了。從現在開始，年輕的法國釀酒師將移居雲南的山坡上。

身為世界第一經濟大國，中國霸權控制全球經濟。中國是世界上最大的石油進口國，人民幣已經取代美元成為國際基準貨幣。科技方面，北京更發展出自己的技術。十年前，川普政府圍堵華為和其他中國科技大廠，沒想到最終反而成就現在的中國。現在，輪到北京政府向中國的電子資訊材料製造商宣布禁止使用美國零件，對美國進行報復性打擊。其他產業也有相關禁令，包括半導體和軟體組件，尤其是行動終端操作系統。

現今，從舊式智慧型手機衍生發展的可攜式電子設備，中國品牌獨占全球八〇%以上的市場。大家現在都使用中國的中標麒麟作業系統（NeoKylin），主要應用在中國的支付或電子商務，以及社群網路，如同騰訊和阿里巴巴。這對於谷歌、臉書和亞馬遜衝擊甚大，值得一提的是，多數股權由中國資金持有的加州科技大廠蘋果公司，其產品開始配備中標麒麟作業系統。

中國的科技主導勢力一路延伸到網路世界。中國的網際網路在二〇一〇年中已經全面受北京政府監控，現在，曾經接受中國企業或資金，以協助發展通訊基礎設施的許多亞洲和非洲國家，也同樣受到中國監控。

中國能夠掌握電子數位霸權，要歸功於「新絲綢之路」計畫的成功。現在，以北京為中心，向整個亞洲呈放射發展的高速火車交通網，不但縮短各地距離，更增強中國影響力。中國航天科技工業集團公司（CASIC），一直在努力研發超高速空中列車專案計畫，該計畫的列車時速可達每小時四千公里，未來將成為地面上第一項能夠超音速的設備。

中國像一部超大型壓路機，不斷壓平往前邁進，似乎沒有任何東西能夠剎住它。二〇一九年的大規模示威遊行，香港人持續抵抗北京政府的命令，但他們很清楚，根據中國共產黨命令，他們必須回歸中國。

中國政府在二〇一九年八月，對抗議共產主義政權兩個多月的香港示威者發出警告：「玩火者必自焚。」習近平早已背離前任國家領導人鄧小平遺贈其人民的箴言：「冷靜觀察、穩住陣腳、沉著應付、韜光養晦、善於守拙、決不當頭、有所作為。」習近平登上中國國家主席大位幾年之後，選擇忠於他為自己設定的路線：「站在世界的中心，為人類帶來更大的貢獻。」穿越陸地和海上的絲綢之路只是第一步。習近平透過投入太空和銀河系，要將中國安放在全人類的中心。

參考資料

Graham T. Allison 著，《走向戰爭：美國和中國能否逃離修昔底德陷阱？》（*Destined for War: Can America and China Escape Thucydides's Trap?*），Odile Jacob 出版，2019 年。

David Baverez 著，《新中國要告訴未來總統的事》（*Paris Pekin Express. La nouvelle Chine racontee au futur President*），François Bourin 出版，2017 年。

Jean-Philippe Beja 著，《尋找中國影子。中國民主運動（1919 年至 2004 年）》（*À la recherche d'une ombre chinoise. Le mouvement pour la democratie en Chine* (1919-2004)），Seuil 出版，2004 年。

Jean-Philippe Beja 著，《習近平的中國：邁向中國式法西斯主義？》（*La Chine de Xi Jinping : en marche vers un fascisme à la chinoise?*） Pouvoirs 雜誌，第 169 期，2019 年 4 月。

Boisseau Du Rocher Sophie 和 Dubois De Prisque Emmanuel 合著，《中國和世界。全球中國化論文集》（*La Chine e(s)t le monde. Essai sur la sino-mondialisation*），Odile Jacob 出版，2019 年。

François Bougon 著，《受控的中國。天安門 1989 年至 2019 年》（*La Chine sous contrôle. Tiananmen* 1989-2019），Seuil 出版，2019 年。

François Bougon 著，《習近平思想》（*Dans la tête de Xi Jinping*），Solin/Actes Sud 出版，2017 年。

Jean-Pierre Cabestan 著，《明日中國。民主還是專政？》（*Demain la Chine: Democratie ou dictature?*），Gallimard 出版，2019 年。

Jean-Pierre Cabestan 著，《中國的國際政治。在融合與權力意志之間》（*La Politique internationale de la Chine: Entre integration et volonte de puissance*）第 2 版，Sciences Po Les Presses 出版，2015 年。

Jean-Pierre Cabestan 著，《從北京看到的修昔底德陷阱。鞏固領導，避免戰爭》（*Le piege de Thucydide vu de Pekin. Affirmer son leadership, eviter la guerre* ），Le Debat 雜誌，第 202 期，2018 年 5 月。

Cai Jun著，《被遺忘的河》（*La Riviere de l'oubli*），XO editions出版，2018年。

Regis Debray 和 Zhao Tingyang 合著，《天南地北。中國與西方》（*Du ciel à la terre. La Chine et l'Occident*），Les Arenes 出版，2014 年。

Mathieu Duchâtel著，《中國地緣政治學》（*Geopolitique de la Chine*），社論集，2017 年。

Elizabeth C. Economy 著，《*The Third Revolution: Xi Jinping and the New Chinese State*》，Oxford University Press 出版，2018 年。

Alice Ekman 編輯，《法國面對中國新絲綢之路挑戰》（*La France face aux Nouvelles Routes de la soie chinoises*），Etudes de l'IFRI 智庫，2018 年 10 月。

Alice Ekman著，《世界中國》（*La Chine dans le monde*），CNRS Editions出版，2018 年。

Peter Frankopan 著，《絲綢之路》（*Les Routes de la soie*），Nevicata 出版，2017 年。

Didier Gascuel 著，《海洋革命，從過度捕撈到復原》（*Pour une revolution dans la mer. De la surpêche à la resilience*），Actes Sud 出版，2019 年。

François Godement 和 Abigaël Vasselier 合著，《中國就在我們家門口。歐洲戰略》（*La Chine à nos portes: Une strategie pour l'Europe*），Odile Jacob 出版，2018 年。

François Godement 和 Mathieu Duchâtel 合撰，《歐洲與 5G：華為案例》（*L'Europe et la 5G : le cas Huawei*），Institut Montaigne 智庫，2019 年 5 月。

Thomas Gomart 著，《世界的恐慌。十個地緣政治問題》（*L'Affolement du monde: 10 enjeux geopolitiques*），Tallandier 出版，2019 年。

Jacques Gravereau 著，《中國征服全球。異常超級大國的調查報告》（*La Chine conquerante: Enquête sur une etrange superpuissance*），Eyrolles 出版，2017 年。

Henry Kissinger 著，《論中國》（*On China*），Fayard 出版，2012 年。

James Kynge 著，《China Shakes the World: The Rise of a Hungry Nation》，

Houghton Mifflin Harcourt 出版，2006 年。

Philippe Le Corre 和 Alain Sepulchre 合著，《中企攻占歐洲》（*L'Offensive chinoise en Europe*），Fayard 出版，2015 年。

Laurence Lemaire 著，《葡萄酒、紅色、中國》（*Le Vin, le Rouge, la Chine: Le vin de Bordeaux, de France et les Chinois*），Sirene production Edition 出版，2019 年，第 13 版。

Claude Martin 著，《外交不是 1 場賓主盡歡的盛宴。外交官回憶錄》（*La diplomatie n'est pas un dîner de gala. Memoires d'un ambassadeur*），L'Aube 出版，2018 年。

Claude Meyer 著，《西方面對中國復興。經濟、地緣政治和文化挑戰》（*L'Occident face à la renaissance de la Chine: Defis economiques, geopolitiques et culturels*），Odile Jacob 出版，2019 年。

Valerie Niquet 著，《中國強權一百問。脆弱的巨人？》（*La Puissance chinoise en 100 questions: Un geant fragile?*），Tallandier 出版，2017 年。

Mary-Françoise Renard 著，《中國的經濟》（*L'Economie de la Chine*），La Decouverte 出版 coll. Reperes 典藏系列，2018 年。

François Roche 著，《熊與龍之舞。如果中俄共享世界？》（*La Danse de l'ours et du dragon: Et si la Chine et la Russie se partageaient le monde?*），François Bourin 出版，2017 年。

Sebastian Veg 撰，《1989 年中國的三次危機》（*Les trois crises de 1989 en Chine*），Esprit 雜誌，第 456 期，2019 年 7、8 月。

國家圖書館出版品預行編目（CIP）資料

全球只剩北京標準時間：中國正以金援、國民觀光、駭客、貓熊、收購和影城……根本不用出兵，不知不覺主宰了全世界和你的日常。／艾利克・寇爾（Éric Chol）、吉勒・峰丹（Gilles Fontaine）著；黃明玲譯.--初版.--臺北市：大是文化，2020.09
336面；17x23公分.--（TELL；031）
譯自：Il est midi à Pékin
ISBN 978-957-9654-97-5（平裝）

1.中國外交

574.18 109008289

TELL 031

全球只剩北京標準時間

中國正以金援、國民觀光、駭客、貓熊、收購和影城……根本不用出兵，不知不覺主宰了全世界和你的日常。

作　　者　艾利克・寇爾（Éric Chol）、吉勒・峰丹（Gilles Fontaine）
譯　　者　黃明玲
責任編輯　郭亮均
校對編輯　黃凱琪、張祐唐
美術編輯　張皓婷
副 主 編　馬祥芬
副總編輯　顏惠君
總 編 輯　吳依瑋
發 行 人　徐仲秋
會　　計　許鳳雪、陳嬅娟
版權經理　郝麗珍
行銷企劃　徐千晴、周以婷
業務助理　王德渝
業務專員　馬絮盈、留婉茹
業務經理　林裕安
總 經 理　陳絜吾

出 版 者　大是文化有限公司
臺北市 100 衡陽路7號8樓
編輯部電話：（02）23757911
購書相關諮詢請洽：（02）23757911 分機122
24小時讀者服務傳真：（02）23756999
讀者服務E-mail：haom@ms28.hinet.net
郵政劃撥帳號／19983366　戶名／大是文化有限公司

法律顧問　永然聯合法律事務所
香港發行　豐達出版發行有限公司
Rich Publishing & Distribution Ltd
香港柴灣永泰道70號柴灣工業城第2期1805室
Unit 1805, Ph.2, Chai Wan Ind City, 70 Wing Tai Rd, Chai Wan, Hong Kong
Tel：2172-6513　Fax：2172-4355
E-mail：cary@subseasy.com.hk

封面設計　尚宜設計有限公司
內頁排版　蕭彥伶
印　　刷　緯峰印刷股份有限公司
出版日期　2020年9月初版
定　　價　新臺幣399元
ISBN　978-957-9654-97-5（缺頁或裝訂錯誤的書，請寄回更換）